Gorges, lacs et plateaux du
Verdon

Les chemins de la découverte

PR

18 promenades et randonnées

ADRI
association pour le développement
de la randonnée en Haute Provence
19, rue du Docteur-Honnorat
04000 DIGNE-LES-BAINS

SIVOM du Bas Verdon
Ancienne Mairie
04210 VALENSOLE

Fédération **F**rançaise
de la **R**andonnée **P**édestre
association reconnue d'utilité publique
9, rue Geoffroy-Marie
75009 PARIS

SOMMAIRE

4	Infos pratiques
4	Réalisation
7	Tableau des ressources
8	Lacs, gorges et plateaux du Verdon
13	Les itinéraires
80	Index des noms de lieux

Les chemins de la découverte

13	Le grand canyon du Verdon par le sentier Martel
17	Le sentier du Bastidon
21	Le sommet de l'Agra
27	Le circuit de Notre-Dame
31	Le circuit des Muletiers
35	Le circuit des Plaines
39	Le vallon de Saint-Pierre
43	Le Verdon Côteau Chiron
47	Notre-Dame sur Verdon
51	Le Vieux Quinson
55	La draye des vaches
59	Sainte-Maxime et les basses gorges du Verdon
63	De la Seouve à Sainte-Magdeleine
65	Autour de la Colle
69	De Saint-Jean aux Bayles
73	Promenade du Verdon
75	Les Tronnes
79	Crève-Cœur

Couverture : photo pleine page : Les Gorges du Verdon vues de Rougon ; **vignette haut :** Saint-Laurent-du-Verdon ; **vignette bas :** Lavande.
Photos Jean Huet.

INFOS PRATIQUES

Choix de l'itinéraire

Les itinéraires proposés sont en général praticables de Pâques à la Toussaint, voire pour certains toute l'année.

Utilisation du topo-guide

Pour chaque itinéraire, un paragraphe précise le centre d'intérêt de la promenade, et résume quelques données techniques.

Le tableau ci-dessous présente le principe de classification des circuits :

	niveau du circuit	Temps de marche effective	Dénivelée
Promenade familiale	*	moins de 2 h	D < 900 m
Randonnée familiale	* * * * *	entre 2 et 4 h entre 4 et 5 h.	D < 900 m D < 900 m
Randonnée sportive	* * * * * * * * *	plus de 5 h plus de 5 h	D < 900 m D > 900 m

L'existence dans un itinéraire d'un passage technique et /ou vertigineux peut entraîner le changement de catégorie de la randonnée.

Tous les itinéraires utilisent des sentiers, cependant certains passages peuvent être plus difficiles, entraînant

---

Remerciements :
Cette action de développement de la randonnée dans le Bas-Verdon (étude technique, aménagement, signalisation des sentiers et édition du guide) n'aurait pu être réalisée sans le concours financier des partenaires suivants :
le SIVOM du Bas-Verdon, le Conseil Général des Alpes de Haute Provence, le Conseil Régional Provence-Alpes-Côte d'Azur, la Communauté Européenne au titre du PIM.
Nos remerciements s'adressent aussi à tous ceux qui se sont mobilisés activement pour ce projet :
les maires et conseils municipaux de toutes les communes traversées, les propriétaires privés qui ont autorisé le passage des circuits sur le terrain, l'Office National des Forêts, Alain Auphand, Gaston Briole, Hervé Rouvier, Jean Blanc, Jean Gires et André Guillot.
Réalisation :
Co-Auteurs : ADRI et FFRP ; **chargé de projet :** Patrick Pinchot ; **rédaction des textes :** Béatrice Charpentier ; **coordination, préparation du manuscrit, pré-maquette et suivi:** Dominique Gengembre ; **secrétariat :** Pascale Tavan et Dominique Gengembre ; **crédit Photo :** ADRI, DG (Dominique Gengembre), JH (Jean Huet), MB (Maurice Brun), PP (Patrick Pinchot), EK (Etienne Kléber), L. (Lautier) BC (Béatrice Charpentier).

par conséquent le changement de catégorie de la randonnée.
La **durée totale** est indiquée pour un marcheur moyen, en heures de marche effective. Il faut y ajouter les temps d'arrêt.
La **dénivelée** est la dénivellation cumulée à la montée

Météorologie et sécurité

"Allo météo", un service de répondeurs téléphoniques mis en place par "Météo France" (bulletins 5 jours)
- Saint-Auban : 36 68 02 04
- Sur minitel : 3615 METEO

Secours

Centre Opérationnel Départemental Incendie et Secours (C.O.D.I.S.) : 18

Cartographie

Au 1 : 200 000
carte Michelin n° 24 Provence Côte d'Azur
Au 1 : 50 000
carte Didier-Richard n° 19 en Haute Provence (de Digne à Saint-Auban - Le Verdon)
Au 1 : 25 000
cartes IGN n°s 3342 OT (Top 25), 3342 O et E, 3343 O et E, 3441 O, 3442 O et E.

La FFRP ne vend pas de cartes. Pour les cartes Michelin, s'adresser aux librairies et papeteries. Pour les cartes IGN, s'adresser à l'Institut géographique national, Espace IGN, 107, rue de la Boétie, 75008 Paris, tél : 43 98 85 00 ou aux agents de vente régionaux de l'IGN, dans les librairies et les papeteries figurant sur la liste dressée par l'IGN.

Hébergement, commerces et services

Un tableau récapitulatif des ressources figure en page 7

Balisage

Les itinéraires de promenade et randonnée, PR, (en général balisés de traits jaunes) peuvent emprunter des portions d'itinéraires de grande randonnée, GR (balisés en blanc et rouge) ou GR de Pays (balisés en jaune et rouge).
Des panneaux sont implantés au départ des itinéraires et aux points de passage importants.

Adresses

ADRI :
Association de développement de la randonnée en Haute-Provence.
19, rue du Dr Honnorat
04000 Digne-les-Bains
Tél: 92 31 07 01
Fax: 92 32 24 94
Minitel 36 15 ALPROVENCE
Ouvert du lundi au vendredi de 10 h à 12 h et de 14 h à 17 h

ADRI édite des topo-guides, aménage et entretient les itinéraires de randonnée, et vous propose des brochures gratuites d'information (Randonnées pédestres, VTT, Tourisme équestre, gîtes d'étape, refuges, centre et relais équestres).
Elle assure la vente par correspondance de topo-guides et de cartes topographiques.

SIVOM du Bas-Verdon
ancienne mairie - 04210 Valensole - Tél 92 74 80 76

Comité Départemental du Tourisme
19, rue du Dr Honnorat BP 170
04005 Digne-les-Bains Cédex
Tél: 92 31 57 29 Fax: 92 32 24 94
Minitel 36 15 ALPROVENCE

La Fédération Française de la Randonnée Pédestre (FFRP) assure la promotion de la randonnée en France, entretient 120 000 km de sentiers de petite et grande randonnée, édite une collection de 150 topo-guides. Pour en savoir plus : 36 15 RANDO ou Centre d'Information Sentiers et randonnées, 64 rue de Gergovie 75014 Paris. Tél : (16-1) 45 45 31 02

N°	LOCALITÉS	Pages	🏠	🏛	⛺	⚒	🛒	🍺	🔐	🍴	☕	✉	🛏	ℹ
2	LA PALUD-SUR-VERDON	17	•	•		•	•		•	•	•	•	•	•
3	SAINT-JURS	21	•	•	•	•				•		•	•	
4	BRUNET	27			•					•		•		
5	SAINTE-CROIX-DU-VERDON	31	•		•	•	•		•	•		•		•
6-7	MONTAGNAC-MONTPEZAT	35-39	•		•	•	•		•	•	•			
8-9	SAINT-LAURENT-DU-VERDON	43-47				•			•	l'été				
10-11-12	QUINSON	51-55-59	•		•	•	•	•	•	•	•	•	•	•
13-14	ESPARRON-DE-VERDON	63-65	•		•		•	•		•		•	•	•
15	SAINT-MARTIN-DE-BROMES	69	•	•	•	•	•	•	•	•		•		
16-17-18	GREOUX-LES-BAINS	73-75-79	•		•		•		•	•	•	•		•
Hors itinéraire														
	ALLEMAGNE-EN-PROVENCE					•			•			•		
	PUIMOISSON		•	•		•		•		•		•		
	MOUSTIERS-SAINTE-MARIE		•	•		•		•	•	•	•	•		•
	RIEZ			•		•		•		•	•	•	•	•
	VALENSOLE		•	•		•		•		•	•	•	•	•

LACS, GORGES ET PLATEAUX DU VERDON

Le Grand Canyon vu depuis Rougon. Photo J.H.

Terre des contrastes

"Bien fou qui la passe !" Formé de trois torrents qui confluent à Barrême, l'Asse déroule ses eaux rapides jusqu'à la Durance, comme au sud, le Verdon dont le Grand Canyon, tracé à la faveur des failles dans les roches calcaires, forme frontière entre basse et haute Provence.

Au-dessus des eaux vives, les "plateaux crépitants de soleil et de solitude"[1] : Préalpes de Castellane, Canjuers, Valensole. Deux plissements contradictoires, l'un à la fin de l'ère secondaire, l'autre à la fin de l'ère tertiaire, donnent naissance aux Préalpes de Castellane, avec leurs plis, chevauchements, failles et barres de calcaire constitué au fond de l'océan secondaire alpin. Même origine pour les vastes Plans, comme celui de Canjuers, que les plissements tertiaires se sont contentés de lacérer de failles exploitées par l'érosion qui a dessiné dolines, lapiés et vallées sèches. Simultanément, les alluvions charriées depuis les montagnes forment un immense cône de déjection, le plateau de Valensole.

Terre des couleurs

L'appartenance de la Provence à la Méditerranée et aux Alpes se traduit par une débauche de couleurs. Sous le soleil, dans une longue sécheresse ponctuée de pluies violentes, la Provence est bleue de son ciel, de ses champs de lavande, de ses lacs ; elle est verte de ses torrents, de ses oliviers sous l'orage, de ses pinèdes plantées de main d'homme ; elle est jaune de ses genêts en fleurs, de ses chênes pubescents de l'automne ; elle est brune de sa terre, des flancs de la laie et du chevreuil, de la livrée de la buse, de la fourrure du lièvre ; elle est blanche de ses amandiers au printemps, de ses hivers de neige, de ses rochers, de ses restanques qui transforment les versants en pyramides.
La Provence n'a jamais eu besoin de peintres, c'est elle qui a inventé leur palette. Elle s'est prêtée à leurs illusions d'ombre et de lumière, elle ne s'est pas donnée ; mais, aurait-on su la recevoir ? Car règnent ici "le sens du cosmique, l'amour et le respect de la nature et un certain sentiment spontané du sacré"[2].

Terre des hommes

Depuis que l'homme est, la Provence l'a toujours nourri. Vestiges paléolithiques et néolithiques l'attestent ; puis, ligures, celtes, barbares. Au IXe siècle de notre ère, elle devient royaume mais ne sort pas pour autant du chaos, et c'est bien ! "Il en résulte un équilibre sans cesse renouvelé qui permet d'atteindre à cette vivante harmonie qui coïncide avec le génie créateur" du monde méditerranéen. Ce royaume déclenche la convoitise du Saint Empire romain germanique, des comtes de Toulouse, puis de Barcelone, subit les épidémies de peste et de typhus. Au XVe siècle, il est intégré à celui de France, mais la paix ne règne toujours pas : incursions de Charles Quint, guerres de religion, conflits avec la Savoie, dernière épidémie de peste en 1720. Au XIXe siècle, la région connaît enfin une expansion économique et démographique, mais le fossé entre la ressource et la demande se creuse vite : l'hémorragie se déclare, il faut partir

1. J. Giono
2. Onimus in Provence.

pour survivre ou pour vivre mieux, croit-on, ailleurs. Car, la Provence "est un monde où l'on peut vivre bien si l'on sait se contenter de peu et de produits et de ressources variées"[3]. A cela s'ajoutent les guerres mondiales : en un siècle, elle perd la moitié de sa population. Aujourd'hui, c'est un paysage de "carte postale" ; les hommes qui vivent de façon permanente sur ses franges, littorales ou urbaines, y font des incursions pour s'y délester de leurs fantasmes. Malgré les discours économico-politiques, il est accepté que cette terre s'endorme, parfois violentée, mais jamais plus caressée au fil des saisons. Pourtant, la Provence a su faire des hommes : "Les Provençaux sont généralement mieux faits de leurs personnes que les autres peuples de France et beaucoup plus agiles. Leur humeur est des plus gayes et leur esprit propre aux affaires et aux sciences quand il s'en trouve qui s'attachent à l'étude, dont les chaleurs de l'été et la dôuceur de l'hyver ne contribuent pas peu à les détourner"[4].

S'ils se laissent détourner, c'est par le voyage, celui de l'émigration hivernale sur les routes d'Europe ou celui de la transhumance, si intense que le plateau de Valensole est sillonné de drailles et compta jusqu'à trente-sept pulvérages[5] ; par la chasse, "une passion poussée jusqu'à la fureur"[6] et dont, à la fin du XVIIIe siècle, l'agronome A. Young s'agace : "Une foule de chasseurs ; on dirait que tous les fusils rouillés sont à l'heure pour détrire toute espèce d'oiseau" ; par les jeux, qui se déroulent dans l'espace public et apportent le prestige aux vainqueurs ; par les fêtes, plus profanes que sacrées, qui rythment la vie communautaire de ces individualistes.

Demain

Un bilan : il y a le Site classé du Verdon, il y a la Réserve géologique de Haute-Provence ; la plus grande d'Europe, elle a pour objectif l'inventaire, la mise en valeur et la préservation des nombreux fossiles, témoins irremplaçables de l'histoire de notre Terre. Demain, il y aura le Parc Naturel Régional du Verdon dont les missions seront de protéger et de faire vivre un patrimoine naturel, culturel et humain reposant sur une forte identité ; cela pour construire l'avenir, plus particulièrement le développement rural dans un cadre intercommunal. Une façon de transmettre ce patrimoine unique aux générations futures.

---

3. J.P. Ferrier in Provence.
4. P.C. Le Bret, intendant de Provence, 1698.
5. Péage pour les ovins et caprins transhumants, au tarif de 6 deniers par trentenier.
6. Faucher, premier préfet du Var.

Le Styx. Photo D.G.

Le grand canyon du Verdon par le sentier Martel

BALADE 1

Le Verdon gronde au fond de ses gorges. Mettez vos pas dans ceux d'E.A. Martel pour explorer le grand canyon.

Difficulté :
* * * *

Durée : 6 h

Balisage :
blanc et rouge (GR4)

Départ :
refuge de la Maline
(D23 - commune de la Palud-sur-Verdon)

D L'itinéraire démarre au refuge de la Maline - panneau d'informations - (893 m)
Emprunter le sentier situé juste en contrebas de la route des Crêtes, passant devant les bâtiments, puis sous l'aire de stationnement. Après une traversée légèrement descendante et le franchissement du ravin de Charençon, on rejoint par quelques lacets et un premier escalier métallique, le pas d'Issane. Franchir cette barre rocheuse grâce à un second escalier. Continuer à descendre en respectant les différents lacets. Arriver ainsi à une intersection (cote 628).

1 Laisser à droite l'accès à la passerelle de l'Estellier permettant le franchissement du Verdon. Poursuivre tout droit. Rejoindre la rive droite de la rivière. Délaisser à droite les différents accès au Verdon et aux "plages" d'Issane, des Cavaliers et du Fayet. Continuer en traversée, légèrement en amont de la rivière. Plus loin un nouveau passage équipé (2 escaliers métalliques, câble) permet le franchissement de l'éboulis de Guègues [environ 1/3 du parcours]. Passer ensuite à la baume aux Boeufs. Après une remontée, le sentier se dédouble
(diverticule : en empruntant la bretelle de droite non balisée, on accède au site de la Mescla, confluent du Verdon et de l'Artuby - 45 mn aller-retour).

2 Monter par la bretelle de gauche pour franchir la brèche Imbert (belvédère aménagé à main droite sur le défilé des Baumes Fères) [environ 1/2 du parcours]. La descente de celle-ci s'effectue par une série d'escaliers métalliques, entrecoupés de paliers. L'itinéraire remonte pour gagner la corniche supérieure. Le sentier balcon, passe à la baume des Hirondelles, puis après un lacet, à la baume aux Chiens. Après

Attention :
Cet itinéraire, linéaire, nécessite soit d'effectuer une navette de voiture entre le Point Sublime et le refuge de la Maline, soit de faire appel à un taxi (cabine téléphonique au Point Sublime).

Conseils :
Outre les recommandations d'usage liées à l'équipement et au respect du milieu naturel, les promeneurs veilleront à :
• se conformer au sens de parcours préconisé qui permet d'éviter un croisement difficile avec d'autres promeneurs et une montée surchauffée en fin de journée
• se protéger efficacement contre le soleil (coiffe et crème protectrices)
• prévoir un minimum de 2 litres d'eau par personne (l'eau du Verdon n'est pas potable)
• prendre une lampe électrique pour franchir les tunnels
• respecter tout au long du parcours les temps de marche afin de sortir des gorges avant la nuit

1 de nouveaux lacets, on se retrouve sur la corniche inférieure. Délaisser à droite l'accès à la "plage" des Baumes Fères [environ 2/3 du parcours]. Continuer en traversée ascendante, entre la falaise d'Escalet et le Verdon. Après un long cheminement en balcon et le franchissement d'un nouvel escalier, on atteint l'entrée du tunnel de Trescaire. Traverser celui-ci, long d'une centaine de mètres. Franchir également le tunnel qui suit, beaucoup plus long - 670 m - (délaisser dans cette traversée l'escalier d'accès à la baume aux Pigeons strictement interdit par arrêté municipal d'avril 1995).

A l'issue de cette traversée, descendre jusqu'au Verdon et à sa plage de galets. L'itinéraire remonte ensuite franchir le Bau, affluent du Verdon (passerelle). Gravir enfin les quelques marches bétonnées conduisant au parking Samson (entrée du Grand Canyon- panneau d'informations).

3 A l'extrémité du parking, sur la gauche, se poursuit le GR4. Arrivé à la base d'une barre rocheuse, le sentier se divise. Laisser à gauche l'accès au belvédère aménagé sur les gorges du Bau. Continuer à droite à monter le long de la barre rocheuse. Plus loin, on arrive à un croisement d'itinéraires de Grande Randonnée GR (GR4 et GR49).

4 Continuer à gauche pour déboucher sur la route D952. Empruntée sur la gauche, elle mènera le promeneur au terme de la randonnée, le Point Sublime.

"RIEN N'EST PLUS ROMANTIQUE"

... que le mélange de ces rochers et de ces abîmes, de ces eaux vertes et de ces ombres pourpres, de ce ciel semblable à la mer homérique et de ce vent qui parle avec la voix des dieux morts". Au Point Sublime, la profondeur du Grand Canyon du Verdon atteint 650 m. La première exploration de ce canyon de 21 km de long, de 6 à 100 m de large, a été faite, en 1905, par le géologue E.A. Martel. En 1930, le Touring Club de France a ouvert le sentier "Martel" et, en 1936, inauguré le chalet de la Maline.

Au sud, s'étend le Plan de Canjuers, où un camp d'instruction militaire a été installé sur 35 000 ha en 1970. Ce fut un moment difficile : expropriation de terrains, arrêt des activités traditionnelles extensives d'élevage, de cultures, d'exploitation de la forêt ; les quelques 70 habitants de Brovès, inclus dans le périmètre du camp, furent déplacés. L'armée participa au transfert du patrimoine et l'opération s'acheva en 1974.

Dans les Gorges. Photo D.G.

Sur le sentier Martel : les échelles
Photo D.G.

Tunnel sur le sentier Martel.
Photo D.G.

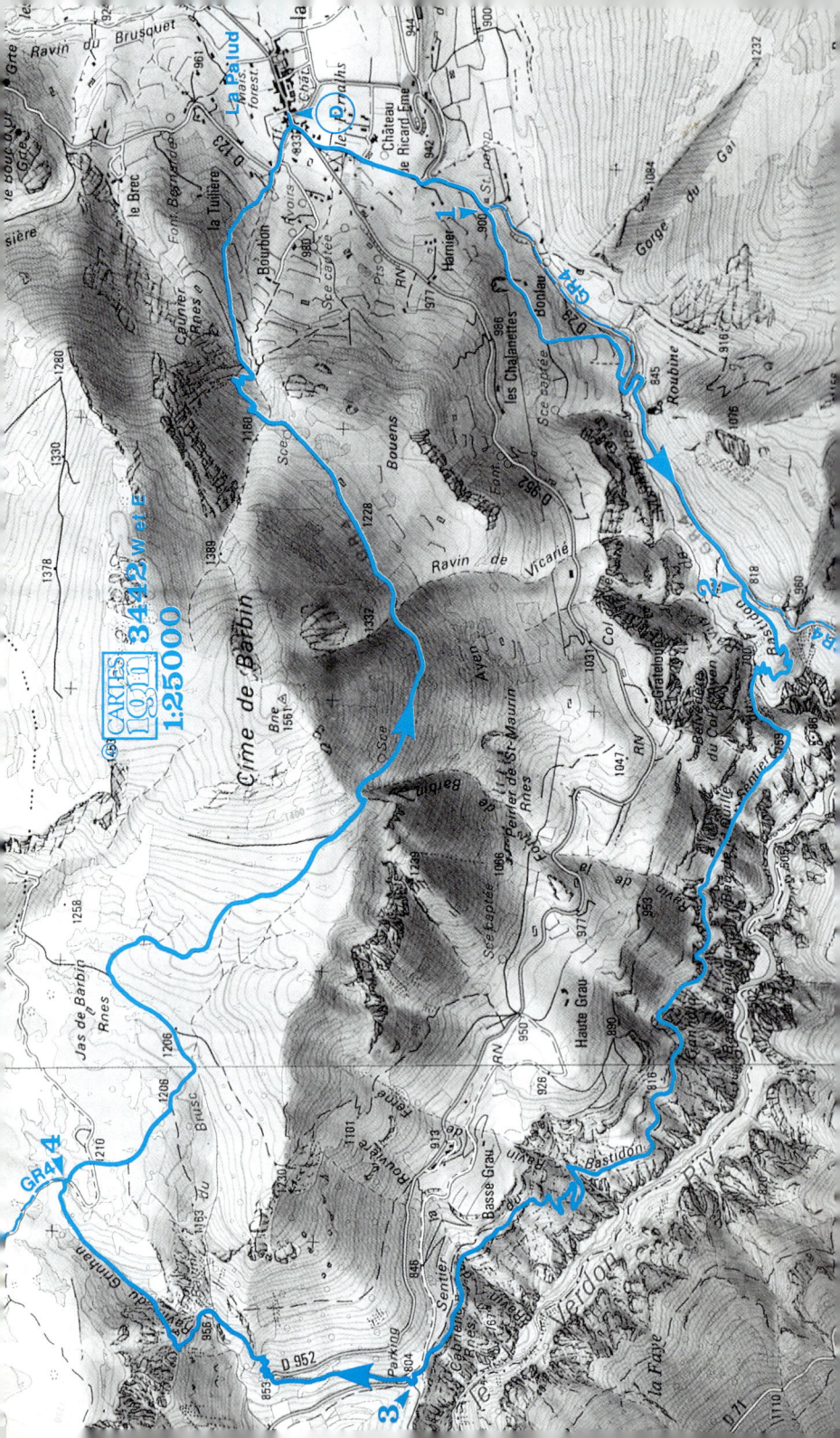

Le sentier du Bastidon

BALADE 2

Contrastes de la garrigue surchauffée des Gorges du Verdon à la forêt ombreuse et fraîche de l'ubac de Barbin.

D Sortir du village de la Palud-sur-Verdon par la route D952, en direction de Moustiers-Sainte-Marie. Passer devant l'école et, à l'oratoire situé à l'entrée du camping, bifurquer à gauche sur la route secondaire. Longer le camping sur toute sa longueur. Peu après, tandis que la voie principale bifurque sur la gauche, poursuivre tout droit sur celle non revêtue. Plus avant, à proximité du ravin, bifurquer à droite et, juste après le pont, à gauche. Rejoindre ainsi la route des Crêtes (D23) et l'itinéraire de Grande-Randonnée GR4 balisé en blanc et rouge. Les emprunter sur la droite pendant 250 m environ.

1 A la station de pompage (cote 900), bifurquer à droite (balisage jaune). Le chemin se dédouble à proximité de la maison cartographiée "Bonlau". Passer à l'arrière de la bâtisse. Juste après le puits, continuer, non pas par le chemin d'exploitation mais par le sentier situé juste en contrebas. 200 m plus avant, descendre à gauche, face à la pente. A la jonction avec le chemin dit de la Maline, tourner à droite. Plus loin, tandis qu'il se dédouble, descendre à gauche rejoindre la route des Crêtes (D23) et le GR4. Continuer à descendre en suivant le balisage blanc et rouge. Franchir le pont routier (coté 845).

2 Un petit kilomètre plus avant, quitter à nouveau la route et le GR4 pour descendre à droite par le sentier du Bastidon qui, tantôt en traversée, tantôt en lacets, permet de rejoindre le fond du ravin de Mainmorte (balisage jaune). Au cours de cette descente, être attentif au balisage, la multiplication des sentes rendant l'orientation difficile. Après avoir franchi le ravin (cote 700), le sentier remonte en traversée jusqu'à un collet (cote 759) puis poursuit à flanc. Après le ravin profondément encaissé de Ferné, franchi grâce à une vire rocheuse, le sentier s'extrait des gorges en lacets puis repart en traversée, passant en contrebas des bastides de Gabrielle. Déboucher finalement à l'entrée du camping à la ferme de la Graou, à proximité d'un lacet effectué par la D952. Tourner à gauche et rejoindre ainsi la route.

Difficulté :
* * * *

Durée :
6 h

Dénivelée :
890 m

Balisage :
jaune ou blanc et rouge (GR4)

Départ :
La Palud-sur-Verdon, parking face au bar de la Place

Attention :
en effectuant avant la randonnée une navette de véhicules, il est possible de ne parcourir qu'une partie de l'itinéraire, entre la Palud-sur-Verdon et le parking du belvédère de Maireste (point-repère 3)

17

[diverticule : belvédère de Maireste - 0h10 aller-retour. Le sentier d'accès au belvédère part à gauche, à l'extérieur du lacet de la D952. Rocheux, il monte entre les buis puis continue en traversée sur la droite, jusqu'au point de vue protégé par un garde-corps].

3 Emprunter la route D952 à droite, à la montée. La délaisser dans le lacet qui suit (cote 833), au profit du sentier partant à l'extérieur du virage. Après une série de lacets, le sentier continue en traversée sur la gauche, pénétrant ainsi dans le vallon du Brusc. Il franchit plus loin un premier ravin, celui du Brusc, puis, après une courte ascension à flanc, un second, celui du Grinhan. Arrivé à la base d'une longue barre rocheuse, le sentier change d'orientation pour s'élever abruptement dans un goulet rocheux.
Au sortir de celui-ci, il rejoint en traversée le ravin du Grinhan. Monter le long de ce dernier, d'abord à gauche puis à droite. A l'orée de la pinède, continuer dans le fond du ravin. Une traîne de débardage prolonge le sentier. Une autre la rejoint plus loin. Poursuivre tout droit. Au croisement d'après, également. Passer sous quelques ruines avant de déboucher sur la piste forestière, parcourue par l'itinéraire de Grande Randonnée GR4 balisé en blanc et rouge (limite des parcelles boisées numérotées 411 et 413).

4 Tourner à droite puis aussitôt, délaisser la piste en prenant le chemin à gauche. Plus avant, couper à nouveau la piste forestière (cote 1210). Le chemin emprunté descend franchir le ravin du Brusc puis, après une courte remontée, en rejoint un autre (cote 206). Continuer tout droit. A hauteur du Jas de Barbin, situé à gauche, le chemin se dédouble; prendre la bretelle de droite. Au croisement d'après, continuer tout droit. Déboucher plus haut sur une piste forestière (non cartographiée). L'emprunter sur la droite. Juste après le lacet, bifurquer à droite sur le chemin retrouvé. Rejoindre peu après un autre chemin. Poursuivre à droite. Le chemin réduit désormais à l'état de sentier, change de versant, passant à l'adroit de la cime de Barbin et amorce sa descente à flanc vers le village de la Palud-sur-Verdon. Passer derrière une ruine puis à une source captée. Descendre alors à droite.
Le village de la Palud est bientôt visible. Le GR descend ensuite en lacets. Le sentier se dédouble après le cinquième lacet. Descendre alors à gauche. Couper plus loin une piste. Plus bas, le GR débouche sur une route qui, empruntée sur la droite mène à la route D123 (oratoire). Continuer à droite et rejoindre ainsi l'entrée ouest du village de la Palud (cote 933). En tournant à gauche on retrouve aisément le point de départ de cet itinéraire.

AU CŒUR DES GORGES DU VERDON

Au coeur d'un berceau verdoyant proche du Grand Canyon, la Palud-sur-Verdon rassemble ses maisons près de l'église accôtée à un clocher en tuf du XIe siècle. Le château de Demandolx, bâtisse carrée à quatre tours, fut érigé aux XVIIe et XVIIIe siècles. En cours de rénovation, il abritera une Maison de l'Environnement dont la vocation sera d'accueillir les scientifiques et d'initier enfants et visiteurs au milieu naturel des gorges : un milieu d'une extrême originalité, où la diversité des microclimats a permis à des espèces végétales uniques de se maintenir, telle la fougère endémique, Asplenium jahandiezi, née à l'ère tertiaire ; milieu aussi d'une grande fragilité à cause des conditions climatiques, de la nature du sol, des fortes pentes. Milieu soumis ces dernières années, avec le tourisme de masse et l'engouement pour les sports de nature, à une fréquentation dépassant la capacité d'accueil du site. Trop de visiteurs qui cueillent les fleurs, trop de piétinement surtout hors sentier ouvrant le champ à une érosion accrue, trop de bruit pour les animaux sauvages... Vous voulez venir, revenir, faire découvrir ce site à vos enfants ? Alors, restez sur les sentiers, évitez les bruits intempestifs, ramassez vos détritus, ne faites pas de feu : en un mot, fondez-vous dans le milieu ambiant, c'est la seule façon d'en découvrir les vraies richesses.

La Palud-sur-Verdon.   Photo J.H.

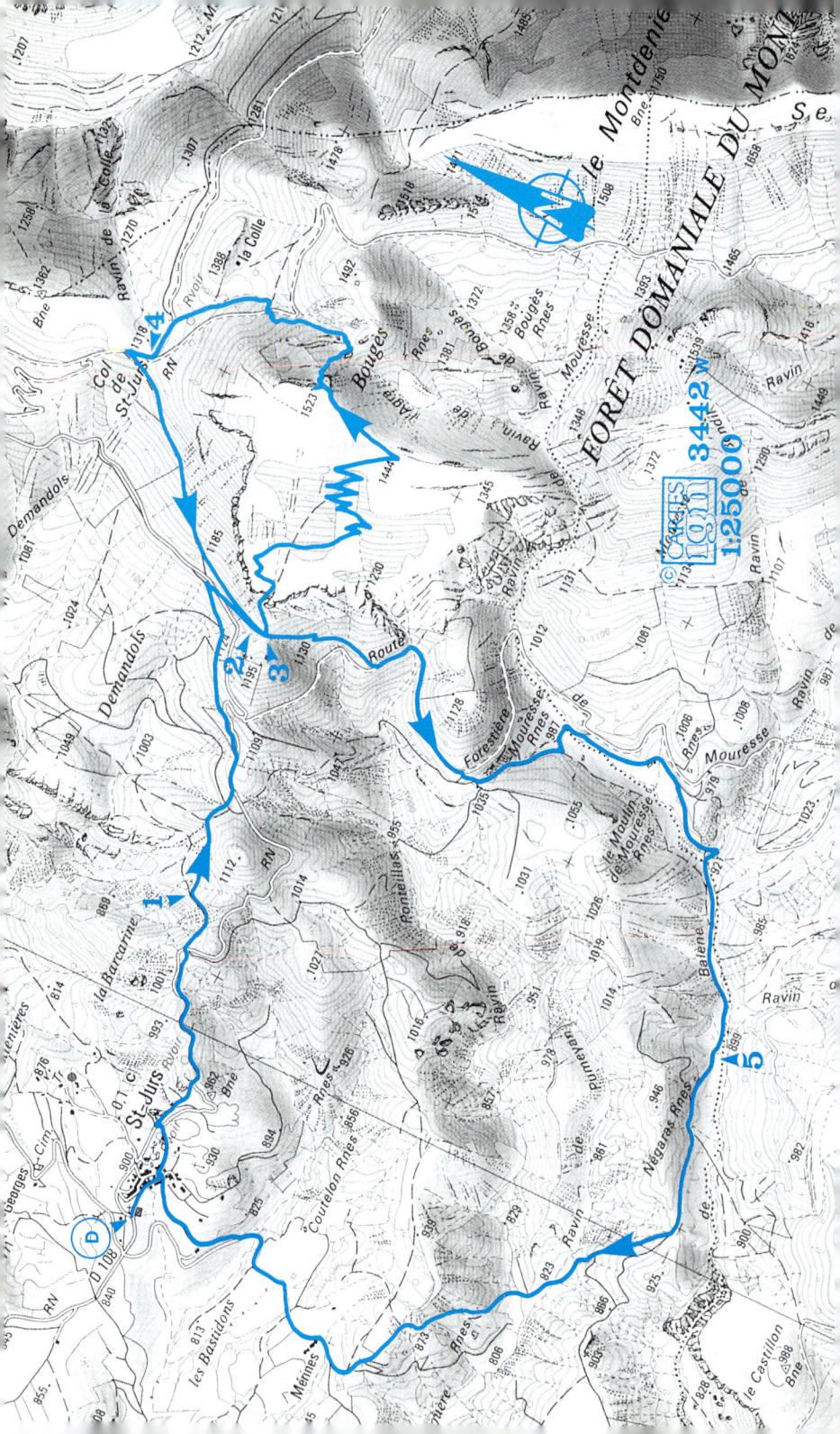

Le sommet de l'Agra

BALADE 3

Au début de l'été, avant que blés et lavandins ne soient coupés, un véritable patchwork s'étale au pied du Montdenier.

Difficulté :
* * *

Durée :
5 h 30

Dénivelée :
830 m

Balisage :
jaune

Départ :
village de Saint-Jurs (parking à l'entrée ouest du village - calvaire)

Attention :
le circuit proposé ayant la forme d'un huit, il est possible de le scinder en deux boucles distinctes (départ de la boucle supérieure au col de Saint-Jurs, point-repère 4 - durée 2 h - dénivelée 365 m)

D Pénétrer dans le village de Saint-Jurs en empruntant la rue de droite, passant devant la mairie et l'école. A l'intersection, poursuivre tout droit. Passer devant l'auberge et les toilettes publiques. Au croisement suivant caractérisé par un oratoire, monter à gauche (le bouclage du circuit s'effectuera quant à lui par la droite). Au carrefour situé au-dessus du lavoir (fontaine), bifurquer à droite. Passer devant la "maison du fournier". Un chemin prolonge la ruelle. Il s'élève en contrebas de l'église du village, puis de ruines, pour déboucher sur la route du col de Saint-Jurs. Emprunter celle-ci sur la gauche pendant une vingtaine de mètres avant de bifurquer en épingle sur la droite. Monter jusqu'à une maisonnette isolée, où le chemin se dédouble. Continuer par la bretelle de gauche et déboucher à nouveau sur la route. La suivre sur la gauche, à la montée. A hauteur du réservoir, pénétrer dans la forêt domaniale du Montdenier. Délaisser plus loin la route forestière pour emprunter à droite un chemin parallèle. Au débouché suivant sur la route, poursuivre en face sur le chemin qui franchit des terrains ravinés, puis se dédouble.

1 Continuer à droite en traversée ascendante jusqu'à un premier regard en béton. Le chemin s'y divise. Tourner à droite. A l'intersection suivante, couper la piste de Demandols, interdite à la circulation automobile. Sortir à nouveau sur la route du col. L'emprunter un court instant en conservant la même direction, puis poursuivre sur le chemin situé en contrebas et à gauche de la route. Au débouché sur une voie plus large, poursuivre tout droit. Ignorer deux départs de traînes à main gauche. Passer par contre à côté d'un second regard en béton. Peu après, bifurquer à droite et sortir une ultime fois sur la route du col. Continuer à monter par le sentier d'en face. Rejoindre un autre sentier.

2 Continuer dans la même direction (le retour s'effectuera par la gauche). Gagner un collet où l'itinéraire se scinde à nouveau en deux.

3 Pour monter au sommet de l'Agra, bifurquer à gauche. Le sentier s'élève jusqu'à une barre rocheuse, puis en courts lacets dans le goulet situé à sa gauche. Au sortir du goulet il continue son ascension dans l'adroit de l'Agra, en effectuant des larges lacets, tantôt à découvert, tantôt sous les pins pour déboucher en crête. Continuer dans la direction nord et gravir entre les buis le sommet de l'Agra, caractérisé par un mirador destiné à la surveillance incendie. Descendre ensuite à droite (vers l'est) en direction du collet boisé. Au collet, bifurquer à gauche. Tantôt en lacets, tantôt en traversée, le sentier descend en sous-bois et débouche sur une piste forestière. Prendre en face le sentier qui, en traversée descendante sur la droite, en rejoint un autre dans le fond d'un ravinet. Descendre alors à gauche et déboucher sur le chemin d'accès à la bergerie de la Colle, à proximité d'un regard en béton. Continuer à gauche. Passer à côté d'un autre regard, puis d'un réservoir (retenue "Défense des Forêts Contre l'Incendie" DFCI). Aboutir sur la piste forestière de Levens. L'emprunter sur la gauche jusqu'au col de Saint-Jurs.

4 Continuer sur la route d'accès au col. A l'orée de la pinède, bifurquer à gauche sur le sentier. Plus bas, celui-ci se dédouble. Poursuivre sur la bretelle de gauche pour retrouver plus loin le croisement évoqué au point-repère 2. Continuer tout droit jusqu'au collet (point-repère 3). Délaisser l'itinéraire d'ascension du sommet de l'Agra. Poursuivre tout droit et descendre jusqu'à la route forestière de Mouresse. Emprunter celle-ci sur la gauche pendant 700 mètres environ. Au carrefour, emprunter à droite la piste interdite à la circulation "sauf services". Au collet, elle se divise. Descendre par la première traîne à gauche. Juste après la placette de chargement, utiliser le sentier de gauche limitant deux peuplements de pins d'âges différents. On arrive à un croisement. Tourner et descendre alors à gauche. Franchir à gué le ravin. Longer ce dernier en rive gauche puis délaisser le chemin au profit du sentier empruntant le tracé d'un ancien canal. Descendre à droite vers la bâtisse partiellement ruinée. Poursuivre à gauche. Le chemin franchit un ravin, puis un peu plus loin se dédouble. Continuer à droite. Le chemin se rétrécit et, à l'état de sentier, rejoint le ravin de Mouresse. Après un lacet, arriver en bordure du ruisseau de Balène. Le traverser à gué. Descendre le long de sa rive droite et gagner les terres de Négaras (attention aux plants destinés au reboisement).

5 Un chemin prolonge le sentier. Il passe en contrebas d'une première ruine, puis en amont d'une seconde. Aux deux carrefours d'après poursuivre tout droit. Avant que la piste ne change de versant, bifurquer à droite. Le sentier emprunté court-circuite

en fait une section de la piste avant de déboucher plus en aval dans un de ses lacets. Descendre alors par la piste. Franchir un premier ravin puis un second. Délaisser ensuite la voie principale pour monter en face par le chemin, en lisière de la pinède. Quitter plus haut ce chemin qui se dirige vers une ruine pour emprunter à droite, à la montée, la voie secondaire. Celle-ci débouche sur un autre chemin. Le suivre sur la gauche. Franchir une zone humide en amont de la ruine déjà évoquée. Continuer en traversée et aboutir sur une voie plus importante. Poursuivre tout droit. Au croisement suivant faire de même. A la sortie du virage, apparaît le village de Saint-Jurs. Passer à droite de la campagne de Mérines. Poursuivre par sa route d'accès. Juste après le pont, bifurquer sur le second chemin montant à droite. Passer à l'arrière d'une propriété privée. Plus haut, laisser à droite l'accès à une autre demeure. Continuer tout droit jusqu'au centre-village où l'on retrouve le croisement caractérisé par un oratoire, mentionné au départ. Tourner à gauche.
A l'intersection suivante, prendre également à gauche pour rejoindre le parking du départ.

Saint-Jurs. Photo J.H.

BALADE EN FORET

Au pied du col de Saint-Jurs, l'Estoublaisse se fraie un passage dans les gorges de Trévans ; havre pour plus de quarante espèces d'oiseaux, elles sont d'une grande richesse écologique. L'aigle royal y règne en maître. Magnifique rapace fauve dont l'envergure dépasse les 2 m, il vit en couple sur un territoire de plus de 100 km2. Il y chasse reptiles et rongeurs, jusqu'à la dodue marmotte en haute montagne, et les ramène à son aire toujours située en contrebas de ses terrains de chasse.

Le Serre de Montdenier, c'est aussi 7000 ha de forêt plantée en application de la politique de reboisement lancée par P. Demontzey en 1862, dont les résultats furent probants sur l'arrêt de l'érosion due à la déforestation à des fins de pâturage, de bois d'oeuvre ou de feu ou encore pour alimenter les cinq moulins à papier établis sur la Maïre à Moustiers-Sainte-Marie. En adret donc, les pins sylvestres et noirs se mêlent ; en ubac, les hêtres connaissent un beau développement. Leurs fruits, les faînes, servaient jadis à faire de l'huile utilisée pour la consommation et l'éclairage ; le bois est toujours exploité pour le chauffage et l'ébénisterie.

RICHESSE DU PAUVRE

Originaires du Moyen Orient, les amandiers ont été introduits en Provence au Moyen Age. A Saint-Jurs, sur un terroir pauvre, ces arbres, peu exigeants quant à la qualité du sol, représentaient un revenu qui comptait. Chacun donnait environ 50 kg de fruits. L'amande se vendait 5 fois plus cher sans coquille dont le bois servait au chauffage. Les femmes récoltaient avec un gauleur ; à la veillée, elles procédaient au dégovage : elles ôtaient l'enveloppe, la gove, dont les moutons étaient friands. L'irrégularité de la production menacée par les gelées printanières, la culture du blé et de la lavande, ont chassé l'amandier au début du siècle.

De la période de prospérité du XIXe siècle assurée par les cinq mines de gypse alors en production, que reste-t-il aujourd'hui ? Un village paisible, avec son église Saint-George affichant des styles roman et gothique ; dans ses murs, gisent les reliques des saints Nicaise et Restitut et son cimetière où gisent Zabulon, Zelab, Léocadie ou Théolinde - Paix à leur âme - Quant au château, grande bâtisse rectangulaire du XVIe siècle construite sur le rocher, épargné par la Révolution, il a été laissé à l'abandon au XIXe siècle.

Gorges du Verdon. Photo Lautier

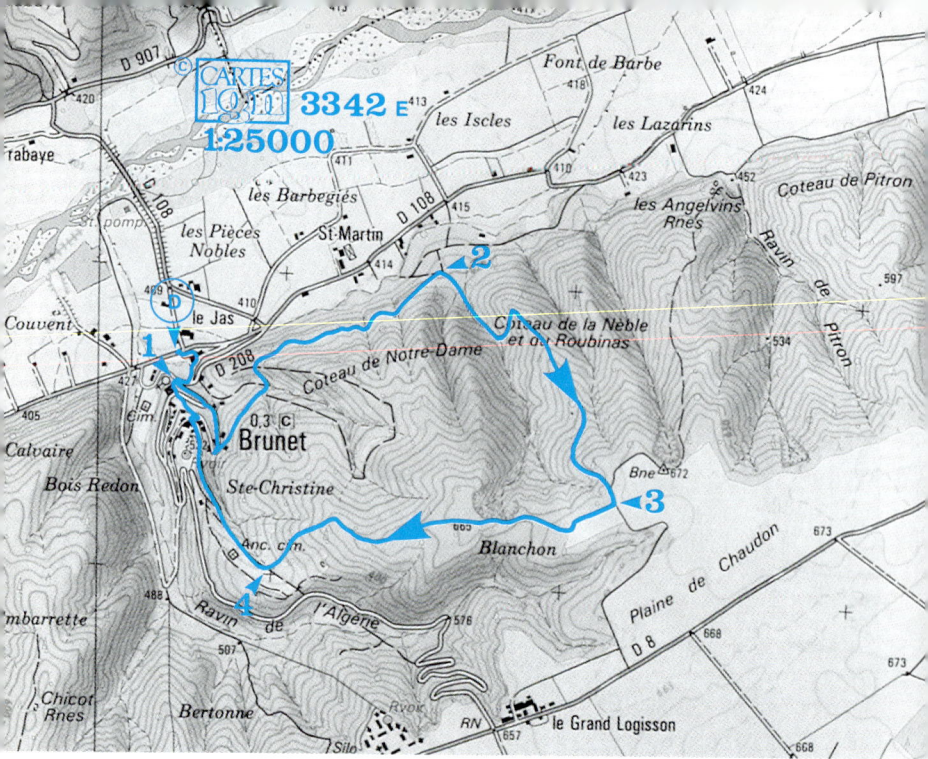

LE PAYS DES PISTOLES

Actif avant l'exode rural du XIXe siècle, le pays d'Asse était voué à la lavande et à la vigne qui donna un cru âpre jusqu'à ce que le phylloxera frappât : "les coteaux et les plaines sont ravagés par l'insecte maudit. Tout est perdu, tout est triste, tout pleure. Pauvre pays !" Il y avait aussi les amandiers, les vers à soie et, surtout, la prune "pardigone". Elle était "une des gloires de... l'Asse... Mais le prunier est capricieux et fantasque; l'irrégularité de ses rendements en a éloigné les agriculteurs".

Avec les prunes, étaient fabriqués pruneaux et pistoles. Elles étaient ébouillantées le soir dans un cuvier de cuivre, puis vidées sur un canisse ; on mettait alors les pruneaux à sécher dans les "pountis". Quant aux pistoles, elles rapportaient dix fois plus mais demandaient plus de travail. Epluchées, les prunes étaient posées sur des canisses. Dix jours plus tard, les noyaux étaient donnés aux cochons. "On se suçait les doigts entre l'enlevage de chaque noyau et on aplatissait les fruits pour qu'ils ressemblent à une pièce de monnaie, une pistole". Pour sécher, elles étaient enfilées sur des aiguilles plantées dans de la paille autour de bâtons, les "buissons".

Le circuit de Notre-Dame

BALADE 4

Dominant la vallée de l'Asse, adossé au plateau de Valensole, le village de Brunet se cache.

D Emprunter au départ la route secondaire montant vers le bar-restaurant "chez Any". Ignorer ensuite le chemin caillouteux descendant sur la gauche. Continuer par la route en direction du village de Brunet. Au monument aux morts, tourner à droite. A l'église, l'itinéraire se scinde en deux.

1 Continuer à gauche par la route principale. Au croisement suivant poursuivre tout droit. Délaisser la route dans le lacet qui suit pour emprunter à gauche le chemin partant au-dessus du lavoir. Passer entre la ruine et la maison et, après la plate-forme, continuer sur le sentier qui fait suite au chemin. Rejoindre le fond d'un ravin parcouru par une piste. Poursuivre tout droit sur le sentier de traversée. Au croisement caractérisé par la borne numérotée 20-21, continuer à droite en traversée légèrement descendante. Le sentier franchit successivement deux placettes de charbonniers et deux ravinets. Il s'élargit ensuite avant de se dédoubler.

2 Monter à droite par le chemin caillouteux empruntant le fond du ravin du Roubinas. 300 mètres plus loin environ, bifurquer sur le sentier partant à main gauche. Celui-ci rejoint la croupe séparant les ravins de Néble et du Roubinas.
S'élever le long ou de part et d'autre de celle-ci pour déboucher sur un chemin du plateau de Valensole. Tourner à droite.

3 Au carrefour de chemins situé entre les cultures de lavandins, prendre également à droite. A l'extrémité de la parcelle cultivée, bifurquer à droite. Le sentier emprunté louvoie en descendant avant de remonter légèrement pour passer à gauche de terrains profondément ravinés (cote 665). Etre

Difficulté :
* *

Durée :
2 h 45

Dénivelée :
320 m

Balisage :
jaune

Départ :
Route Départementale 115 dans le Val d'Asse, en contrebas du village de Brunet et de son bar-restaurant "chez Any".

attentif au balisage car la multiplicité des sentes et l'absence de repère rendent l'orientation difficile. "Tirer" vers la droite. Le sentier jalonné de vieux chênes passe à gauche d'une ruine, puis descend le long d'une croupe. Un peu plus loin, il bifurque sur la gauche pour descendre en traversée. Passer en amont d'une olivette abandonnée. Le sentier descend en courts lacets sous une bande de chênes pubescents séparant deux olivettes. Arrivé en bas, couper un premier chemin. Continuer tout droit jusqu'à déboucher sur un second, ombragé.

4 L'emprunter sur la droite. Au croisement suivant, continuer tout droit. Déboucher peu après dans le lacet d'une voie plus importante, à proximité des ruines du vieux village. Descendre à droite. Au carrefour suivant, faire de même. Pénétrer dans le village et aux croisements routiers qui suivent, tourner successivement à droite puis à gauche. Délaisser ensuite la rue au profit du premier sentier descendant à main droite. Celui-ci débouche sur la route principale à proximité de la mairie. Tourner à droite puis aussitôt à gauche. Passer sous le bâtiment communal et rejoindre l'église au point repère 1. Revenir au point de départ par l'itinéraire emprunté à l'aller.

Brunet. Photo J.H.

A Brunet.   Photo J.H.

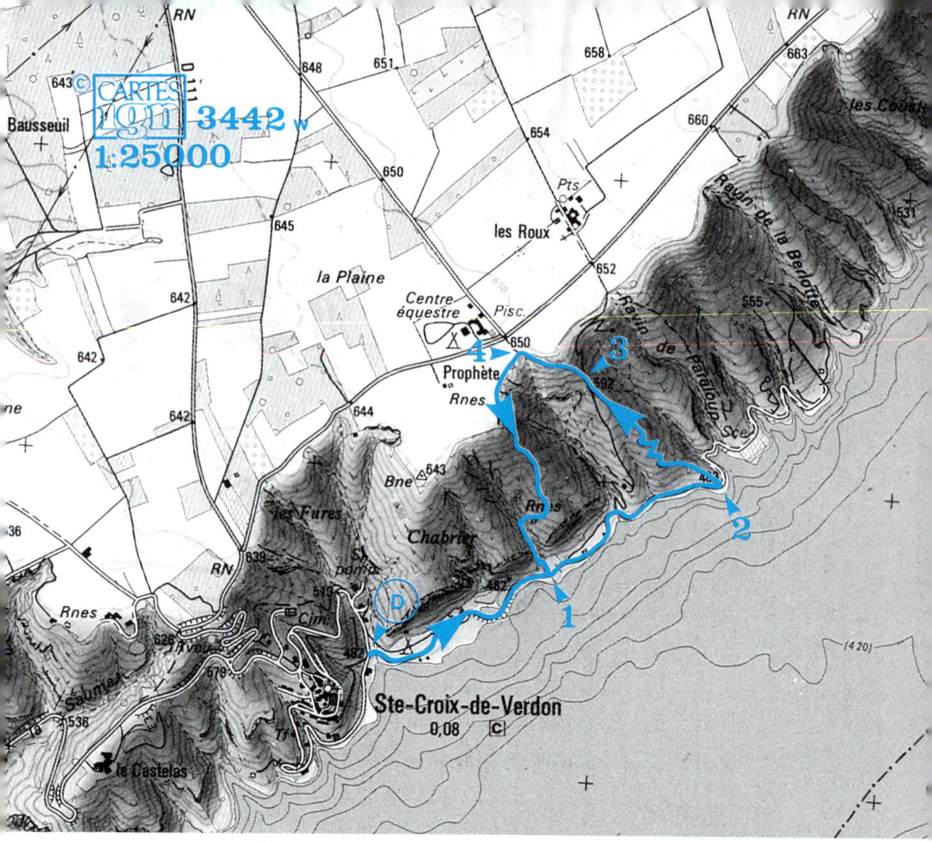

Lac de Sainte-Croix. Photo Lautier

Le circuit des Muletiers

BALADE 5

Du lac de Sainte-Croix, au plateau de Valensole, à l'heure de la baignade ou à celle plus matinale des récoltes.

D Du parking, emprunter vers le nord-est la petite route située au bord du lac de Sainte-Croix. Passer ainsi en contrebas du camping municipal, devant la base nautique et les courts de tennis.

1 Au croisement de l'itinéraire de descente et de la voie utilisée, juste avant un ravin secondaire, poursuivre tout droit, en amont du lac, par la route désormais interdite à la circulation automobile. Au ravin suivant, laisser à gauche le chemin d'accès, privé, menant à une grosse bâtisse isolée. Continuer encore pendant quatre cents mètres environ sur le chemin désormais non revêtu en ignorant à gauche le départ d'un second chemin.

2 Bifurquer alors à gauche sur le chemin dit des Muletiers qui s'élève le long d'une croupe puis, en lacets (ne pas couper ces derniers en utilisant les raccourcis existants, ceux-ci favorisant le ravinement). Monter ensuite dans la chênaie, face à la pente. Au débouché d'un sentier privé (point coté 592 m), interdit d'accès, continuer tout droit. Le chemin se dédouble quelque peu en amont.

3 Laisser à droite le chemin d'accès aux Roux et poursuivre sur la voie principale qui, en traversée ascendante débouche sur le plateau.

4 Laisser à droite le chemin d'accès au centre équestre pour continuer hors sentier en bordure du plateau pendant 175 mètres. Descendre alors à gauche en amont de ravins et en sous bois. Déboucher un peu plus bas sur un autre sentier. Le suivre sur la gauche. Le sentier descend ensuite le long d'une croupe en direction du lac. Bifurquer un peu plus loin sur la droite pour passer en amont de ruines. Descendre le long d'un ravin avant de partir sur la gauche. Le sentier franchit à gué le ravin principal avant de repartir en traversée sur la rive opposée. Après deux lacets, on arrive à un croisement. Laisser à gauche le sentier descendant vers le ravin pour continuer en amont et à droite de celui-ci. Au carrefour suivant, prendre à gauche et rejoindre ainsi le point 1 de l'itinéraire. Tourner alors à droite et revenir au point de départ par le chemin emprunté à l'aller.

Difficulté :
*

Durée :
1h45

Dénivelée :
165 m

Balisage :
jaune

Départ :
Parking (à l'entrée de la "zone d'activités touristiques", sise au bord du lac). Commune de Sainte-Croix-du-Verdon.

AUTOUR DU LAC

En 1728, Sainte-Croix-du-Verdon "n'a aucune fontaine ; l'eau est au pied de la montagne, à deux portées de mousquets ; il faut la porter à dos... : ce travail journalier occupe presque toujours une personne de chaque famille". Depuis, les choses ont bien changé : avec la construction du barrage, l'eau est venue battre au pied du village. Cette même eau a noyé les Salles-sur-Verdon. Le nouveau village a été construit entre 1972 et 1975, sur un replat dominant le lac.

Plus haut sur le versant, Aiguines, dont la spécialité était la fabrication de boules de pétanque en buis clouté, est regroupé autour de la Tour de l'Horloge. Le château, une de ces "forteresses auxquelles on adjoignait un peu de fioritures", est une grande bâtisse carrée, flanquée de tourelles d'angles aux toits en poivrières faits de tuiles couvertes d'un vernis.

Plus à l'ouest, sur la voie romaine Fréjus-Riez, Bauduen, rassemblé entre falaise et lac, montre une unité architecturale : l'église médiévale et la tour sarrasine veillent toujours, les "soleilhas" et les "pountis" sont nombreux, une calade mène à l'église, vieille de trois à quatre siècles.

Sainte-Croix du Verdon.   Photo J.H.

Au débouché des Gorges. Photo J.H.

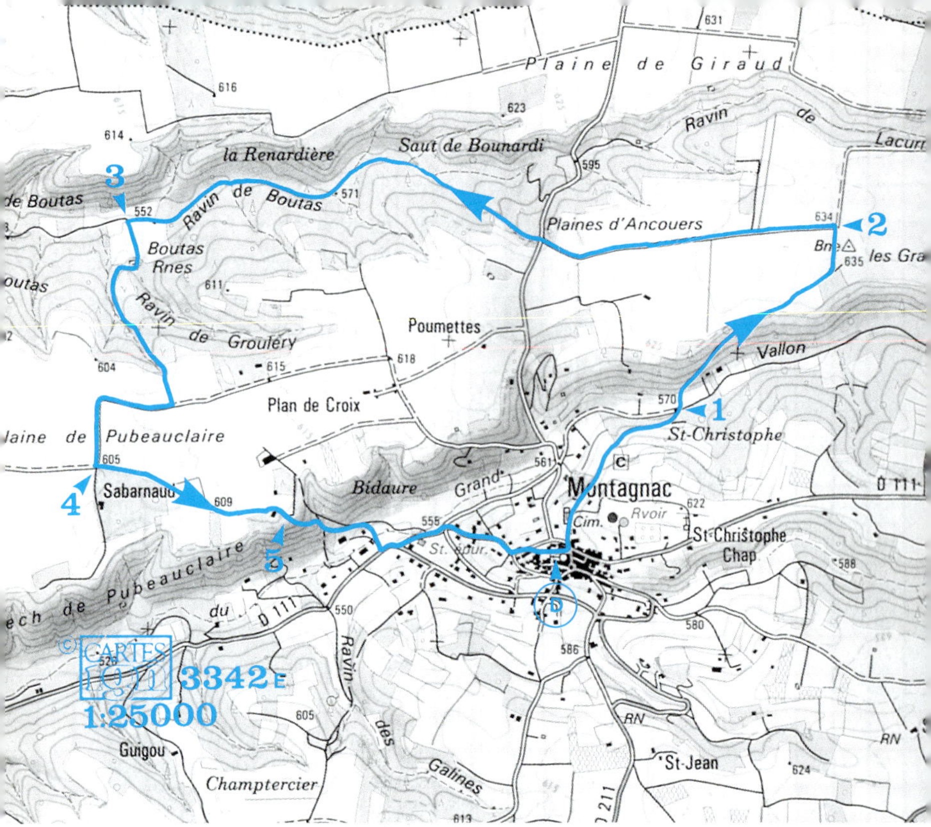

Lavandes. Photo J.H.

Le circuit des Plaines

BALADE 6

Confiné ici entre deux vallons, le terroir de Montagnac s'étire ...

Difficulté : * *

Durée : 2 h 30

Dénivelée : 180 m

Balisage : jaune

Départ : Montagnac, parking de la Mairie

D De la Mairie de Montagnac, se diriger vers l'église. Au croisement, emprunter à gauche l'avenue de Verdun. Passer devant le cimetière. A l'extrémité de ce dernier, la route se dédouble. Poursuivre à droite par le chemin de terre principal qui, en traversée légèrement descendante, rejoint celui du Grand Vallon à proximité d'une habitation isolée (baptisée "Manon des Sources").

1 Monter en face par le chemin herbeux qui, après un virage sur la droite, devient pierreux. Poursuivre en traversée ascendante sous une chênaie et déboucher ainsi sur les Grandes Plaines. Le chemin tourne ensuite à gauche et rejoint une piste d'exploitation agricole à proximité de deux chênes isolés.

2 Tourner alors à gauche et continuer entre les terres cultivées dans la même direction générale (ouest), jusqu'à la route de Montagnac à Riez. La traverser pour continuer en face en bordure du ravin du Boutas. Poursuivre la descente en sous-bois, dans le fond du vallon, jusqu'à une clairière, en amont et à droite de laquelle se dressait jadis une bâtisse désormais ruinée. Déboucher alors rapidement sur un autre chemin.

3 Tourner à gauche. Le chemin monte en sous-bois puis, à la sortie de celui-ci, contourne par la gauche une maison ruinée. S'élever ensuite en lisière du bois, en amont d'un ravin secondaire. Gagner ainsi la plaine de Pubeauclaire. Déboucher alors sur un chemin d'exploitation agricole. Le suivre sur la droite. Le chemin tourne à angle droit sur la gauche puis se démultiplie au coin d'un bois.

4 Continuer alors à gauche en lisière de ce dernier. Au carrefour suivant, poursuivre tout droit. Passer un peu plus loin entre deux bâtisses d'âges différents. Juste après, le chemin tourne légèrement sur la droite, puis sur la gauche.

5 Le quitter dans la seconde courbure pour descendre à droite en sous-bois. Le sentier poursuit en traversée descendante, rejoint le fond d'un ravin dans lequel il reste pendant une cinquantaine de mètres, avant de repartir en traversée sur la gauche. Passer ainsi en amont de deux maisons avant de déboucher sur un chemin. Suivre ce dernier sur la droite et gagner ainsi la route D111 (croix). L'emprunter sur la gauche. Lorsqu'elle se dédouble, continuer à gauche sur la route secondaire. Passer à côté de la station d'épuration. La route se démultiplie peu après. Monter tout droit. Aux trois carrefours suivants, continuer à monter et déboucher ainsi sur la place centrale du village de Montagnac.

MALHEURS ET BONHEUR D'UN VILLAGE

Bien qu'implanté ponctuellement, le protestantisme suscita, en Provence, guerres civiles, celle des Partisans de 1575 à 1578, et luttes, que le duc de Savoie aurait mises à profit pour se faire proclamer comte de Provence sans l'intervention d'Henri IV. C'est à cette époque que le château de Monpezat eut à soutenir, pendant dix jours, le siège d'une armée de 10 000 ligueurs : le village fut incendié, la reddition du château obtenue par trahison. Rasé en 1590, il fut reconstruit par les évêques de Riez. Pas assez d'eau sur ce plateau comparable à "un panier à salade" nuit aussi : "en 1698,... en été, la fontaine (de Montagnac), murée, voûtée, est sous la garde d'un homme à gages qui fait la distribution... et ne la distribue que par rang et ordre ; mais cela ne dispense pas d'aller prendre de l'eau à Riez pour le bétail, de sorte que tous sont obligés d'entretenir une petite bête à bât pour cette provision". Ce village connut cependant la prospérité ; en 1815, des glands importés d'Italie sont plantés : jusqu'en 1940, il devient Montagnac-les-Truffes, le bien nommé.

Montagnac. Photo J.H.

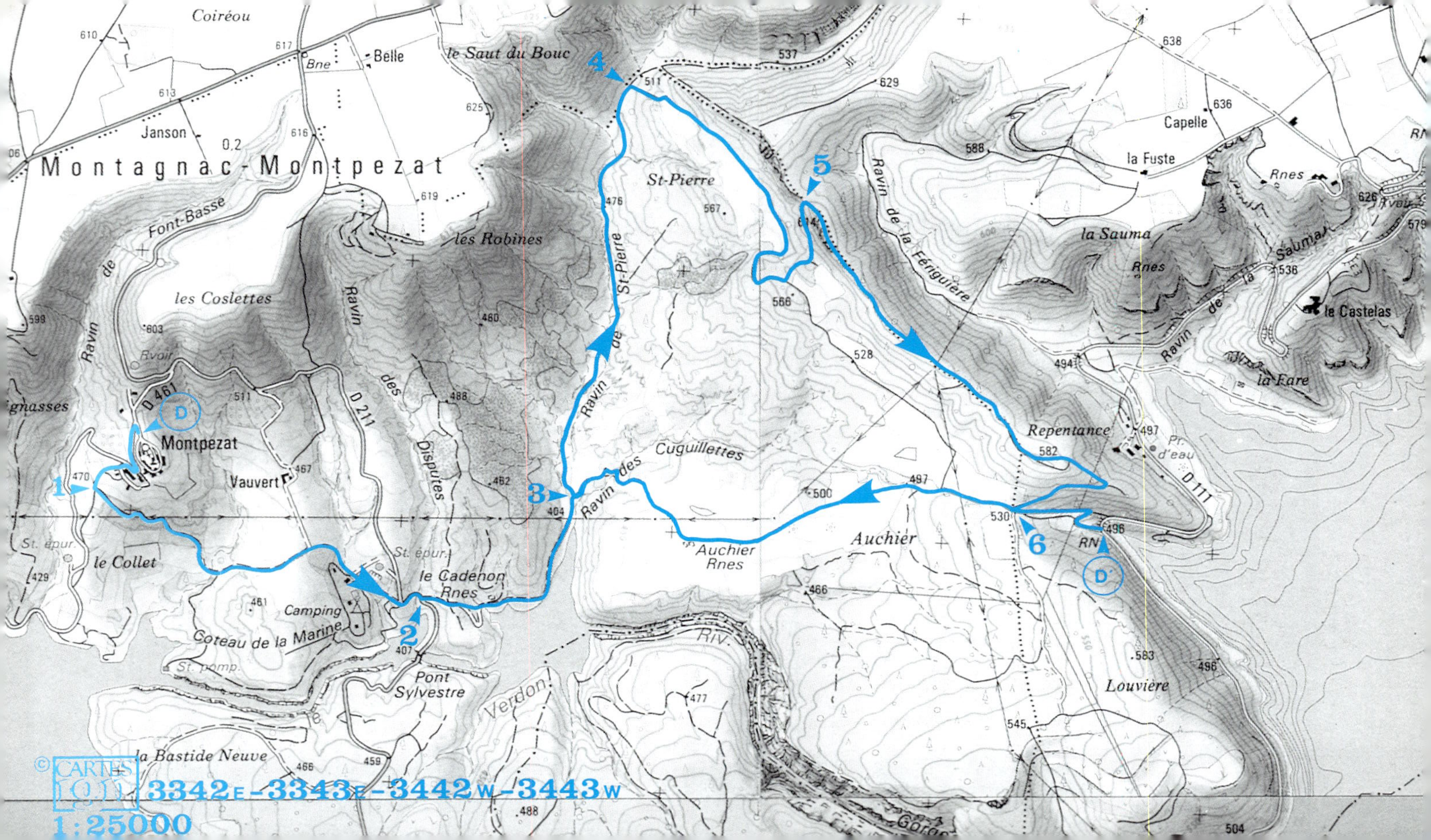
Montagnac-Montpezat
Coiréou
Janson
Belle
Bne
le Saut du Bouc
Font-Basse
les Coslettes
Ravin de
Ravin des Disputes
les Robines
St-Pierre
Ravin de St-Pierre
Cuguillettes
Ravin des
Auchier
Auchier Rnes
Ravin de la Fériguière
la Sauma
Rnes
Ravin de la Sauma
le Castelas
la Fare
Capelle
la Fuste
Repentance
Pr. d'eau
D 111
D 211
D 461
Montpezat
Vauvert
le Collet
St. épur.
le Cadenon Rnes
Camping
Coteau de la Marine
St. pomp.
Pont Sylvestre
Verdon
Riv.
la Bastide Neuve
Louvière
RN
D
D'
1
2
3
4
5
6
© CARTES IGN 3342E-3343E-3442W-3443W
1:25000

Le vallon de Saint-Pierre

BALADE

7

Des lacs miniatures de Montpezat à celui incommensurable de Sainte-Croix, se dissimulent des jardins secrets.

D Du village de Montpezat, descendre par la route secondaire donnant accès au lac. Celle-ci effectue un lacet. Bifurquer peu après sur le chemin descendant à gauche en ignorant l'accès privé au Domaine du Château. Un peu plus loin, à l'entrée d'une maison, le chemin se dédouble une première fois. Continuer à descendre.

1 Au dédoublement suivant, bifurquer à gauche. Passer sous une première ligne électrique. A proximité de la seconde, continuer à gauche en traversée. Rester sur le chemin principal. Passer entre deux parcelles cultivées, franchir un ravin et aboutir à un nouveau croisement. Monter à gauche. Sortir progressivement du bois. Un peu plus loin, laisser à gauche l'accès à la ferme de Vauvert. Poursuivre tout droit. Le chemin descend à nouveau puis côtoie le camping du côteau de la Marine. A l'entrée de ce dernier, continuer tout droit et déboucher ainsi dans un lacet de la route D211. Descendre à droite. La route franchit un ravin (radier).

2 Juste après celui-ci, bifurquer à gauche sur la piste carrossable. Celle-ci, après avoir longé un lac artificiel, se dédouble.

3 Descendre alors à gauche pour rejoindre le ravin de Saint-Pierre. Le chemin en sous-bois le remonte tantôt en rive gauche tantôt en rive droite. Quitter le ravin juste avant que celui-ci ne bifurque définitivement à droite, vers l'est.

4 S'élever alors face à la pente par le chemin de droite. Déboucher ainsi dans un espace déboisé qu'il faut longer sur la gauche en traversée et en lisière du bois. A son extrémité le chemin pénètre à nouveau en sous-bois et y effectue une boucle. A l'issue de celle-ci le chemin se dédouble. Prendre la branche de gauche. On débouche, après une traversée, en crête.

5 Suivre la crête sur la droite jusqu'à une plateforme réalisée pour l'implantation de pylônes électriques. Passer sous deux lignes à haute tension et poursuivre

Difficulté :
* *

Durée :
4 h

Dénivelée :
370 m

Balisage :
jaune

Départ :
Montpezat (parking à l'entrée nord du village)

Attention : départ possible de la route D111 reliant le village de Sainte-Croix à celui de Beaudinard, à une distance d'environ 4 km de Sainte-Croix-du-Verdon. Le chemin emprunté débouche, après deux lacets, sur un carrefour (point repère 6 de l'aire)

7 sur le chemin de crête. Laisser un peu plus loin un autre chemin partant à main droite. Continuer dans la même direction. Tandis que le chemin se dédouble à nouveau, descendre par celui de gauche. Au croisement suivant, poursuivre tout droit. Passer sous une autre ligne électrique. 75 mètres plus loin, quitter la crête pour descendre à droite, à l'adret, par la piste principale. Aboutir à un carrefour important (point coté 530).

6 Emprunter le chemin de droite. Passer sous une première ligne électrique haute tension. Au croisement, prendre à gauche. On traverse une zone exploitée, puis on passe à droite des ruines d'Auchier. Le chemin emprunté alors à droite, passant sous une seconde ligne haute tension, atteint le ravin des Cuguillettes, puis celui de Saint-Pierre où l'on retrouve le point-repère 3.
Le retour à Montpezat s'effectue ensuite par le chemin emprunté à l'aller.

"CHARBONNIER EST MAÎTRE EN SA MAISON"

C'est ce qu'aurait dit un charbonnier à François 1er, qu'il n'avait pas reconnu ; ce dernier ne lui en aurait pas tenu rigueur.
La fabrication de charbon était fréquente en Provence ; "des quartiers de la forêt communale ... faisaient l'objet d'adjudications que se disputaient marchands et entrepreneurs". Le charbon s'obtenait par le procédé des meules dont la mise en oeuvre demandait une surveillance constante pendant plusieurs jours. Le charbonnier - ou bouscatié -, "pour la plupart des immigrés italiens qui venaient travailler saisonnièrement, de l'automne au printemps, dans les forêts provençales" choisissait l'emplacement des charbonnières : les morceaux de bois étaient entassés les uns sur les autres, de façon symétrique, formant une meule recouverte de feuilles, de mousse et d'une couche de terre qui ne laissait libre que la cheminée. Au milieu de la meule, cette dernière était remplie de bois enflammé; le feu se propageait, le bois brûlant lentement et devenant du carbone presque pur. Fabriqué à partir du menu bois, ce combustible a l'avantage de ne pas faire de fumée et de se transporter aisément.

Montpezat et son lac. Photo D.G.

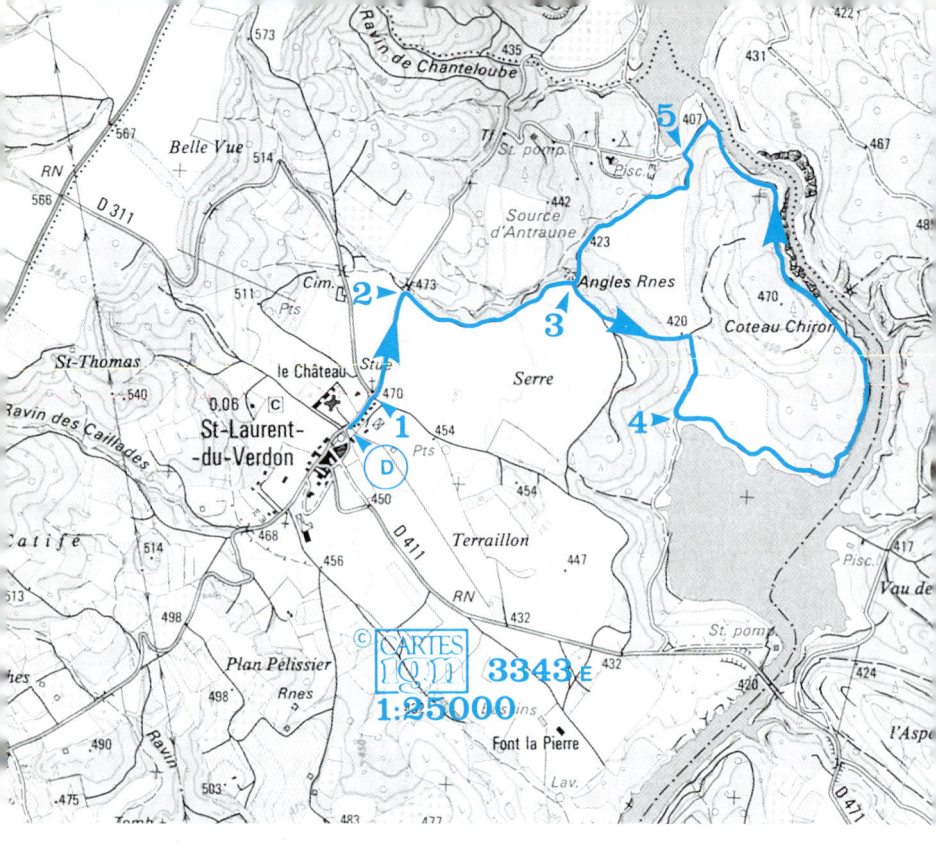

Château de Saint-Laurent-du-Verdon. Photo J.H.

BALADE 8

Le Verdon Côteau Chiron

Entre deux évasements de ses basses gorges le Verdon s'insinue, imperturbable.

D Du parking, traverser le village jusqu'à son extrémité nord-est en direction de Montagnac-Montpezat.

1 Au calvaire érigé au croisement des routes D311 et C1, laisser à droite l'itinéraire PR dit de Notre-Dame du Verdon. Poursuivre tout droit sur la voie communale pendant 400 mètres environ.

2 Bifurquer à droite juste avant le pont (point coté 473). Le chemin longe un ravin en rive droite et en lisière d'un bois. Rester sur le chemin principal jusqu'à un ensemble de ruines : Angles. Le chemin s'y dédouble.

3 Poursuivre à droite. Au croisement suivant, continuer à gauche. Le chemin descend en sous-bois et gagne un vaste col où il se dédouble à nouveau. S'engager à droite. Le chemin débouche sur un champ cultivé. Le contourner par la droite et, par un sentier légèrement en retrait de la parcelle, gagner un chemin à proximité du lac artificiel de Saint-Laurent.

4 L'emprunter sur la gauche légèrement en amont de ce dernier. Franchir un peu plus loin une barrière et pénétrer ainsi en sous-bois. Au carrefour, continuer tout droit sur le chemin principal. Celui-ci s'écarte temporairement du Verdon puis, réduit à l'état de sentier s'élève en amont de ce dernier. Lorsqu'il se dédouble un peu plus loin, monter à gauche. Etre alors très attentif au balisage, la multiplicité des sentes rendant le parcours difficile. Après être resté un temps en bordure du côteau Chiron, dominant les basses-gorges du Verdon, le sentier redescend vers ce dernier. Traverser ensuite un vaste replat déboisé à proximité du lac de Montpezat et aboutir ainsi sur la clôture du camping La Farigoulette.

5 Tourner à gauche à l'angle de celle-ci. Le chemin emprunté débouche sur une parcelle de culture. Longer celle-ci sur la droite, hors sentier, en lisière du bois. Retrouver à son extrémité un chemin qui, emprunté à la montée, vous ramène aux ruines d'Angles (point 3). Tourner alors à droite et revenir au point de départ par l'itinéraire emprunté à l'aller.

Difficulté :
* *

Durée :
2 h 15

Dénivelée :
140 m

Balisage :
jaune

Départ :
Saint-Laurent-du-Verdon, parking en face du château

CULTIVÉ, "PIONNIER", "INDIGENE"...

Venu des Balkans, le noyer fut une ressource du plateau de Valensole. De la noix, était extraite une huile qui concurrençait celle d'olive : au milieu du XIXe siècle, le canton de Valensole produisait 82 hl d'huile de noix contre 120 hl d'olive et, à Riez, la production d'huile de noix était supérieure. Utilisée pour la cuisine et l'éclairage, elle était, avec les cerneaux, objet de commerce. Sa sensibilité aux gelées printanières et la valeur de son bois pour l'ébénisterie, ont concouru à sa disparition.

Arbre "pionnier", le pin d'Alep forme des forêts de "substitution" de la forêt originelle. Vulnérable aux incendies, il apprécie les terrains calcaires, la chaleur, la sécheresse et la lumière. Ses nombreux cônes distribuent une semence abondante et légère : 6 000 graines/kg ; il produit une essence de térébenthine qui n'est plus extraite en France.
Enfin, le chêne vert - ou yeuse - est un "indigène" qui maintient les sols et accueille des truffes sur ses racines. Préférant les sols non calcaires, il résiste à la sécheresse et à la chaleur mais craint le froid. Son houppier à feuilles persistantes dispense une ombre qui nuit à la croissance des broussailles.

Dans les Basses-Gorges.   Photo P.P.

Saint-Jurs. Photo B.C.

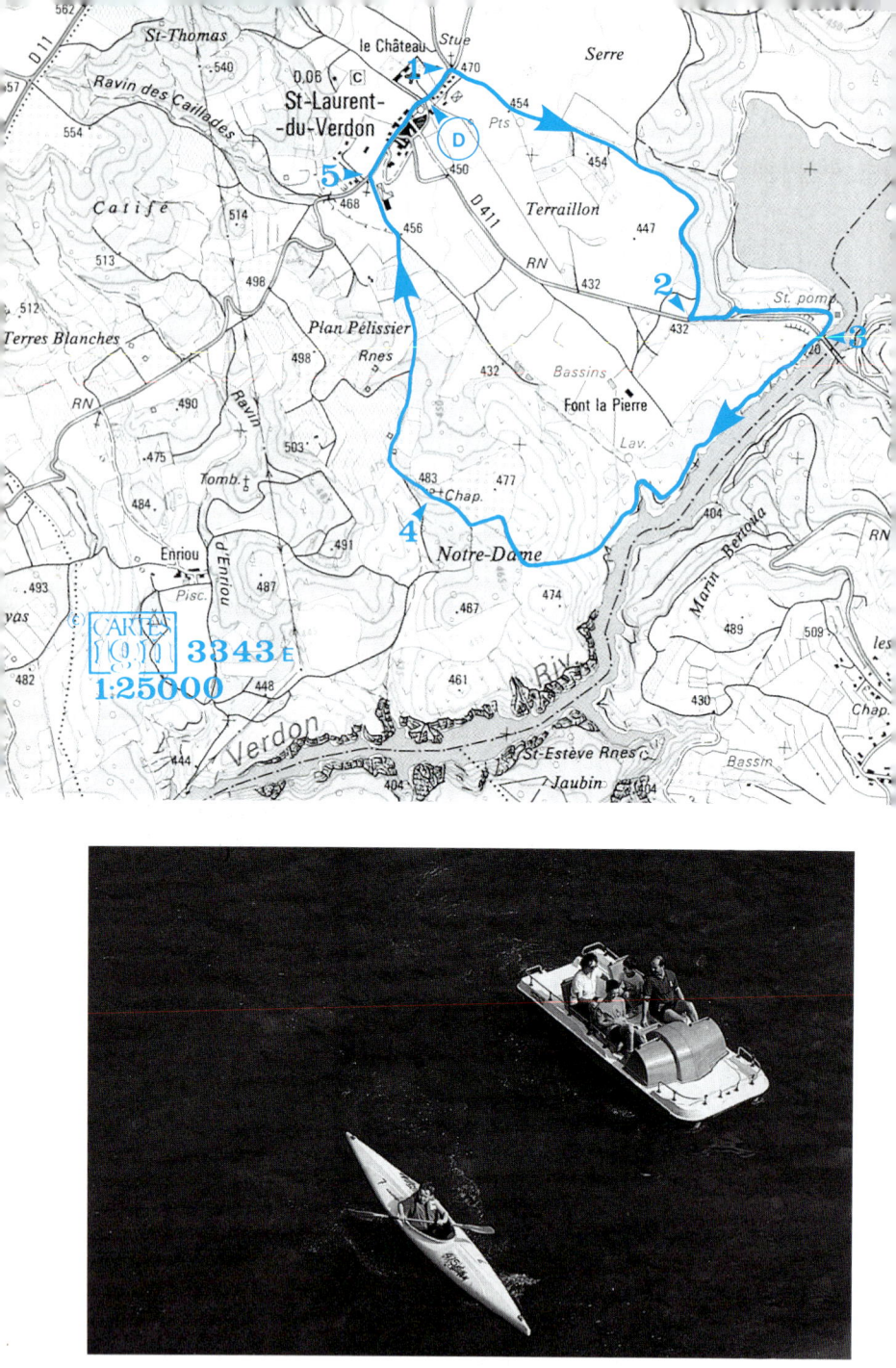

Photo J.H.

46

Notre-Dame sur-Verdon

BALADE

9

Le Verdon ici placide et accessible, apporte son eau, essentielle au terroir de Saint-Laurent.

Difficulté :
* *

Durée :
2 h

Dénivelée :
110 m

Balisage :
jaune

Départ :
Saint-Laurent-du-Verdon, parking en face du château

D Du parking, traverser le village en direction de Montagnac Montpezat jusqu'à son extrémité nord-est.

1 Au calvaire érigé au croisement des routes D311 et C1, tourner à droite pour emprunter le chemin d'exploitation agricole. Au carrefour suivant, poursuivre tout droit. Passer un peu plus loin à proximité d'un puits en pierre. Continuer sur le chemin principal en laissant successivement deux chemins à droite et un à gauche. Au croisement suivant, poursuivre tout droit en lisière supérieure de la forêt. Contourner ainsi le plateau cultivé du Terraillon. Aux deux croisements suivants, rester sur la piste principale. Déboucher ainsi sur la route D411.

2 La suivre sur la gauche. 150 mètres plus loin, prendre à gauche l'accès routier au lac artificiel. Bifurquer aussitôt après sur le premier chemin partant à droite. Longer ainsi la ligne électrique légèrement en contrebas de la route.
Au dédoublement du chemin, ne pas descendre jusqu'à la station de pompage, mais partir à droite. Aboutir ainsi sur la route juste avant le pont sur le Verdon.

3 Le sentier part en face et longe, à travers la garrigue, la rive droite du Verdon (être alors attentif au balisage).
Après avoir franchi un mur de pierres sèches puis un ravin sur une passerelle de fortune, s'éloigner progressivement de la rivière pour s'élever en direction du collet situé à main droite et séparant deux mamelons. On débouche derrière celui-ci sur un chemin. Le suivre sur la droite à l'orée d'une plantation de pins. Aboutir ainsi sur un autre chemin

9 dans une chênaie clairsemée. L'emprunter sur la gauche. Au croisement suivant, monter à droite jusqu'à la chapelle Notre-Dame.

4 Descendre ensuite jusqu'au vignoble. Le chemin bifurque alors à droite, passe à côté d'une bâtisse ruinée, avant de pénétrer en sous-bois. Aux carrefours suivants, continuer tout droit à travers les vignobles. Traverser un ravin "endigué", puis monter en direction d'un bâtiment à usage agricole. Déboucher ainsi sur la route D311 à l'entrée sud ouest du village de Saint-Laurent (calvaire).

5 L'emprunter sur la droite, traverser la rue principale du village et retrouver ainsi le point de départ de l'itinéraire.

SYMBOLE D'IMMORTALITÉ

Dans un site boisé, Saint Laurent-du-Verdon rassemble ses maisons du XVIIIe siècle à proximité de l'un des quatorze châteaux des Castellane ; ce bâtiment massif à quatre tourelles, avec une porte en plein cintre encadrée de pilastres portant un entablement, date de la fin du XVIIe ou du début du XVIIIe siècle. Plusieurs pigeonniers sont disséminés au château et dans le village : l'élevage de pigeons permettait non seulement la production de viande et d'oeufs, maisaussi d'engrais.

Proche de la tombe sur laquelle il veille, du mas dont il signale l'hospitalité, le cyprès dresse sa haute silhouette dans le paysage méditerranéen. Sans doute originaire de Perse, cet arbre offre un bois de qualité, dur, à grain fin, imputrescible, qui était utilisé pour la fabrication de sarcophages, d'armoires, de toitures. Ignifuge, doté d'une racine pivotante, il ne gêne pas les cultures qu'il protège des vents lorsque, arborant un port étalé, il constitue des haies élevées. Lorsque son port est fastigié, il est arbre ornemental, au feuillage persistant, sombre silhouette dans l'irradiante lumière.

Photo D.G.

Allemagne-en-Provence. Photo B.C.

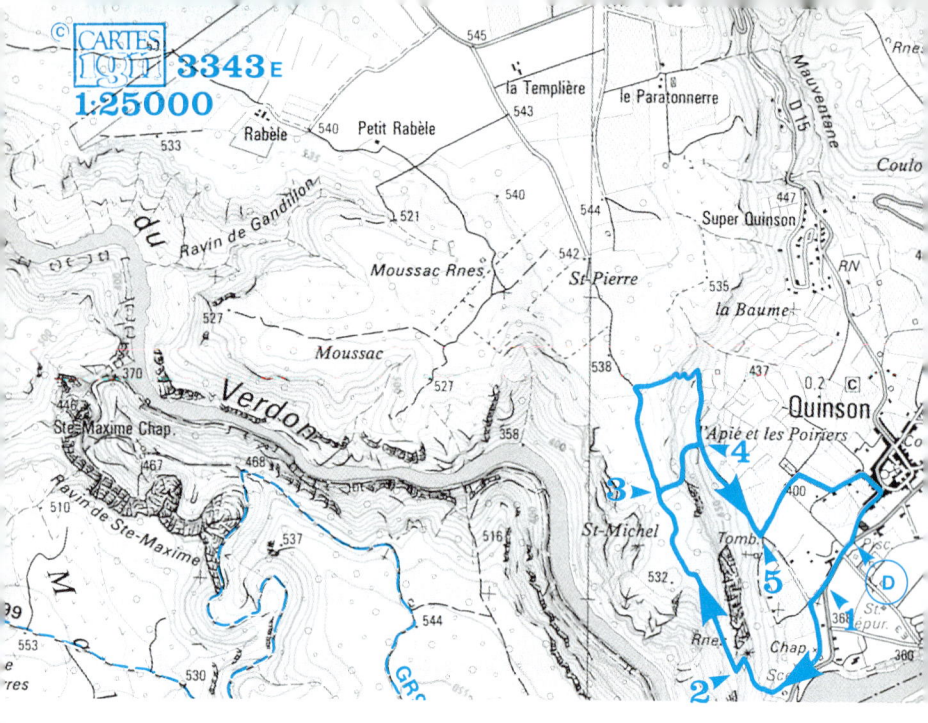

Campanile à Quinson. Photo D.G.

Le Vieux Quinson

BALADE

10

Sur les chemins du passé, partez à la découverte des vestiges de l'ancien village de Quinson.

Difficulté :
* *

Durée :
1 h 15

Dénivelée :
165 m

Balisage :
jaune

Départ :
Quinson, parking de la Mairie

D Du parking de la Mairie, rejoindre la route D11 passant juste en aval de celui-ci. La suivre sur la droite. Passer devant l'hôtel-restaurant Notre-Dame avant d'arriver à un croisement routier où est érigé un calvaire.

1 Quitter alors la route D11 donnant accès aux Basses Gorges du Verdon pour emprunter le chemin de droite. Au carrefour suivant, continuer à gauche et déboucher ainsi derrière la chapelle Notre-Dame. Continuer à droite de celle-ci. Le sentier longe un espace en friche, passe en amont d'une ruine, puis s'écarte progressivement de la route avant de pénétrer en sous-bois (terrasses). S'élever alors face à la pente puis en courts zigzags. Le sentier sort du bois puis se dédouble à proximité d'un gendarme rocheux isolé. Monter alors à droite. Passer derrière l'aiguille. Le sentier continue en balcon. Franchir ensuite une barre rocheuse par quelques lacets avant de partir en traversée sur la gauche. Le sentier débouche en crête à droite des ruines du vieux Quinson.

2 Tandis que le sentier de gauche s'y dirige, continuer tout droit. Le sentier louvoie dans la garrigue parsemée de blocs rocheux. Passer à proximité d'un cairn avant de déboucher sur un chemin. Poursuivre par ce dernier jusqu'à une aire dégagée. Le chemin s'y dédouble.
Deux possibilités s'offrent au randonneur.

3 Soit : continuer tout droit sur le chemin principal pendant 400 mètres environ. Tourner alors à droite. Le sentier emprunté se dédouble un peu plus loin. Poursuivre tout droit. Le sentier descend en lacets avant de se diviser à nouveau. Continuer là aussi tout droit. Après un autre lacet, le sentier descend en traversée sur la droite. Ignorer les départs de sentes annexes et descendre par ce chemin creux jusqu'à un carrefour important.
Soit : tourner à droite. A l'extrémité du replat le sentier descend dans un éboulis avant de bifurquer sur la gauche. Descendre alors en traversée et rejoindre ainsi, après avoir longé un muret de pierres sèches, le carrefour susdit.

4 Dans le premier cas, continuer tout droit. Dans le second, tourner à droite. Au départ de cet itinéraire redevenu commun, garder à main gauche une ancienne olivette. Le sentier bordé en partie d'un muret de pierres sèches descend en traversée, passe en amont d'un vignoble puis se démultiplie.

5 Laisser le premier chemin à gauche donnant accès au vignoble pour emprunter le second, juste en contrebas. Continuer tout droit jusqu'au cimetière de Quinson. Tourner alors à droite et via la rue Saint-Esprit, la place de la Paix et la rue du Var, regagner le point de départ de l'itinéraire.

LE PAYS DU PINSON

Fréquent ici, le pinson - "quinson" en provençal - apparaît sur le blason d'argent du village auquel il a donné son nom et dont l'origine remonte au XIIe siècle. Les premiers vestiges d'habitat humain datent de l'âge du fer. Mais, ultérieurement, les hommes se sont déplacés et installés dans l'enceinte, dont subsistent deux tours carrées surmontant deux portails du XVe siècle, puis à l'extérieur ; quant à l'église paroissiale Notre-Dame du Plan, sa partie la plus ancienne date de cette même époque. Nombreux lavoirs et fontaines : l'eau règne ; ce qui n'empêche pas les vignobles de produire un vin de coupage. Souvent associé aux vignobles sur le plateau de Valensole jusqu'au XVIIIe siècle, le figuier n'est plus cultivé. Pourtant cet arbre produit un fruit d'une grande valeur nutritive. Il est le terrain de la parthénocarpie - plusieurs fructifications annuelles sans fécondation ni formation de graines - et un exemple de symbiose des mondes animal et végétal : il offre, en hiver, un abri à un insecte qui, à la belle saison, transporte le pollen et assure la fécondation des figuiers femelles.

Lac de Quinson. Photo J.H.

Fontaine à Quinson. Photo B.C.

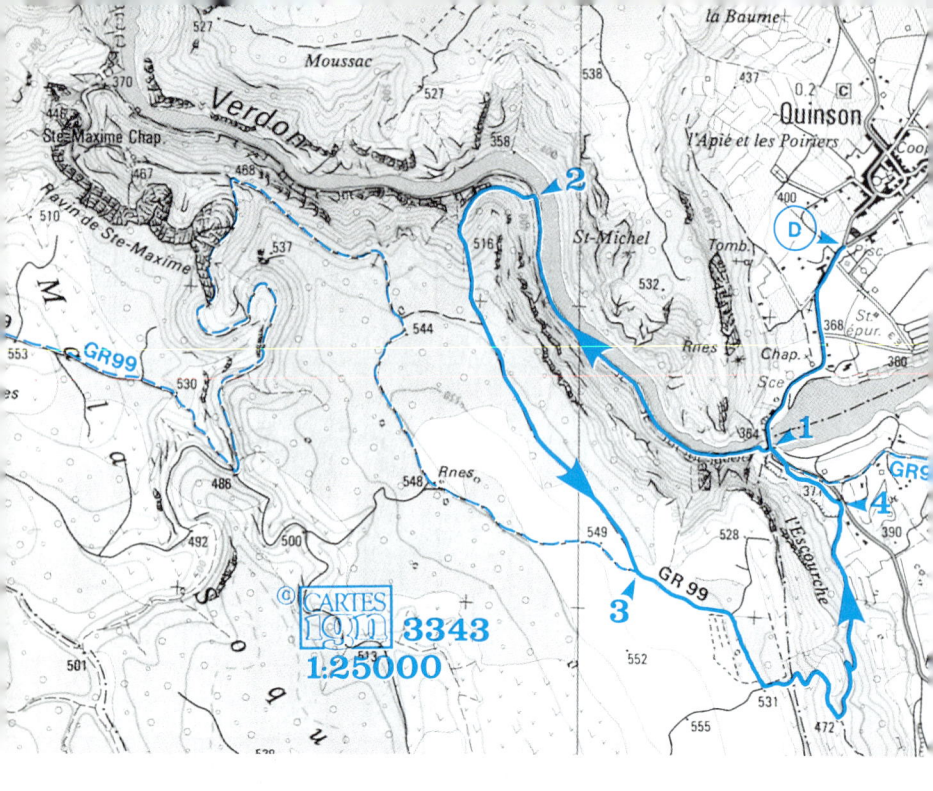

HEUREUX PECHEUR !

Tumulte du Verdon, miroir des lacs : en vos cachettes, gîte la truite. De bonds en affûts dans les eaux riches en oxygène, cette carnassière solitaire nargue le pêcheur. Si elle est Arc-en-Ciel, elle est poisson d'élevage repeuplant les torrents désertés par la truite autochtone ou Fario qui pond en hiver : la femelle prépare alors la frayère en se couchant sur le flanc et en déblayant, par des contorsions, un nid dans lequel elle dépose 1 500 oeufs ; après une incubation de plus de trois mois, les alevins se dispersent.

Photo D.G.

La draye des vaches

BALADE 11

Sous la végétation aux senteurs toutes provençales, apparaissent quelques témoins du passé.

Difficulté :
* *

Durée :
2 h

Dénivelée :
200 m

Balisage :
jaune puis
blanc et rouge

Départ :
Quinson,
parking de
la mairie

D De la mairie de Quinson, rejoindre la route D11. La suivre sur la droite. Franchir le pont enjambant le Verdon et continuer sur la route pendant une cinquantaine de mètres.

1 Bifurquer à droite. Gagner, par un escalier taillé dans la roche, le sentier de l'ancien canal de Provence. Le suivre sur la droite en traversée, le long de la rive gauche du Verdon.

2 Plus loin, un pont métallique permet de franchir le canal. Délaisser le sentier de Ste-Maxime pour l'emprunter à gauche. S'élever en traversée et gagner ainsi le fond d'un vallon secondaire évasé. A partir de ce point, être attentif au balisage, car la multiplicité des sentes et l'absence de repères visuels rendent l'orientation difficile. Le sentier emprunté s'élève plus ou moins parallèlement au fond du vallon et gagne ainsi le plateau de Malasoque. On arrive à un croisement plus important. Continuer à gauche pour déboucher plus loin sur l'itinéraire de Grande-Randonnée GR99, balisé en blanc et rouge.

3 Suivre ce dernier sur la gauche. Aux croisements suivants, continuer tout droit à travers la garrigue, puis en sous-bois. Passer à proximité d'une bâtisse ruinée avant d'aboutir sur une piste (carrefour coté 531). Descendre à gauche. Quitter la piste au croisement suivant pour prendre en face le chemin démarrant entre deux blocs rocheux. On descend en lacets, traverse à deux reprises la piste déjà évoquée et finit par l'emprunter.

4 Ne pas rejoindre tout de suite la route D13. Quitter le GR99, pour suivre à gauche le canal. Descendre, après 250 mètres environ, jusqu'à la route. La suivre sur la gauche pour retrouver rapidement le point 1. Le retour au point de départ s'effectue alors par l'itinéraire emprunté à l'aller.

Dans les Basses Gorges. Photo J.H.

Photo Lautier

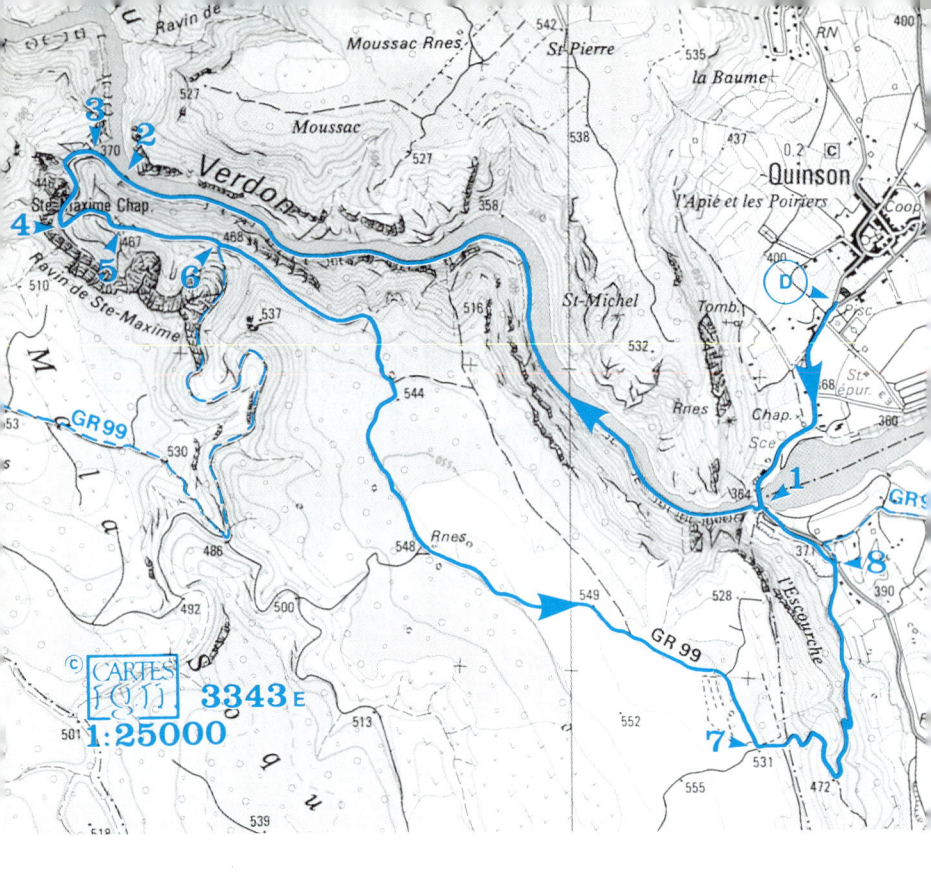

Dans les Basses Gorges. Photo D.G.

Sainte-Maxime et les basses gorges du Verdon

BALADE 12

L'ancien canal de Provence court en rive gauche du Verdon et permet d'accéder à ses basses gorges. Au sortir de celles-ci, on découvre le site énigmatique de Sainte-Maxime.

Difficulté :
* * *

Durée :
3 h 45

Dénivelée :
220 m

Balisage :
jaune puis blanc et rouge

Départ :
Quinson, parking de la mairie

Attention :
prévoir une lampe de poche pour franchir le tunnel

D De la Mairie de Quinson, rejoindre la route D11 passant juste en aval de celle-ci. La suivre sur la droite. Franchir le pont enjambant le Verdon et continuer sur la route pendant une cinquantaine de mètres.

1 Bifurquer alors à droite. Gagner, par un escalier taillé dans la roche, le sentier de l'ancien canal de Provence. Le suivre sur la droite en traversée, le long de la rive gauche du Verdon. Ne pas franchir, plus loin, le pont métallique sans tablier. Poursuivre en amont du Verdon. Lorsque le sentier se dédouble, à la hauteur d'une voûte de charge du mur du canal, monter à gauche. Reprendre ensuite la direction générale de progression (ouest-nord-ouest) et ce jusqu'à la cabane de surveillance désormais abandonnée.

2 Descendre dans le fond du canal grâce à l'escalier de fortune, constitué de quatre pierres horizontales encastrées dans le mur, plus facilement accessible en contournant la cabane par la droite. Une fois dans le canal, traverser le tunnel.

3 A sa sortie, escalader le mur gauche du canal. Retrouver alors le sentier. S'engager ensuite dans le vallon de Sainte-Maxime, en tournant le dos au Verdon.

4 Au dédoublement du sentier, quitter le fond du ravin pour s'élever par le sentier de gauche, raide au départ. Tandis que la pente s'atténue, le sentier débouche à la chapelle Sainte-Maxime.

5 Poursuivre derrière celle-ci par le sentier descendant le long d'une croupe, effectuant deux lacets avant de contourner un mamelon par la gauche, pour aboutir enfin sur le sentier de grande randonnée - GR99 - balisé en blanc et rouge.

6 Continuer tout droit. Le sentier s'élève en traversée dans la chênaie, s'élargit et aboutit à un premier carrefour, situé à proximité d'un oratoire ruiné. Monter à droite et gagner ainsi le plateau de Malasoque. Au second croisement, situé après la ruine, continuer tout droit, toujours en sous-bois. Le chemin passe sous une ligne électrique puis atteint un double carrefour. Prendre deux fois à gauche. Aux croisements suivants, poursuivre tout droit à travers la garrigue puis en sous-bois. Passer à proximité d'une bâtisse ruinée avant d'aboutir à un nouveau carrefour (point coté 531).

7 Descendre à gauche. Quitter la piste au croisement suivant pour prendre en face le chemin démarrant entre deux blocs rocheux. On descend en lacets, traverse à deux reprises la piste déjà évoquée et finit par l'emprunter.

8 Ne pas rejoindre tout de suite la route D13. Quitter le GR99, pour suivre à gauche le canal. Descendre, après 250 mètres environ, jusqu'à la route. La suivre sur la gauche pour retrouver rapidement le point 1.
Le retour au point de départ s'effectue alors par l'itinéraire emprunté à l'aller.

UN MYSTERE PEU A PEU RÉVÉLÉ

Situé à la sortie des moyennes gorges, à 50 m au-dessus du Verdon, la Baume Bonne, au coeur d'un secteur où les vestiges préhistoriques sont nombreux, est un site archéologique majeur par la longueur de période qu'il recouvre ainsi que par la quantité d'objets et de restes dont il est dépositaire. Formé d'un abri sous roche et d'une grotte, il est site classé et sa visite est autorisé pendant les mois de juillet et d'août en compagnie des archéologues qui y travaillent. Jusqu'à présent, les fouilles ont révélé essentiellement des restes d'animaux en importante quantité : chevaux, bouquetins de grande taille, petits cervidés, castors ; trouver ces derniers est intéressant car ils sont un indicateur fiable de climat humide et tempéré ; ils furent abondants entre les deux glaciations du Riss et du Würm, la dernière se terminant il y a environ 10 000 ans.

La présence humaine au paléolithique et au néolithique est aussi attestée par des restes d'objets : poinçons d'os, céramiques, meules à ocre, molettes, etc., objets qui seront rassemblés dans le musée dont Quinson entreprendra la construction en 1994. Mais, bien des choses sont encore à découvrir avant que tout mystère soit levé !

Moustiers-Sainte-Marie. Photo L.

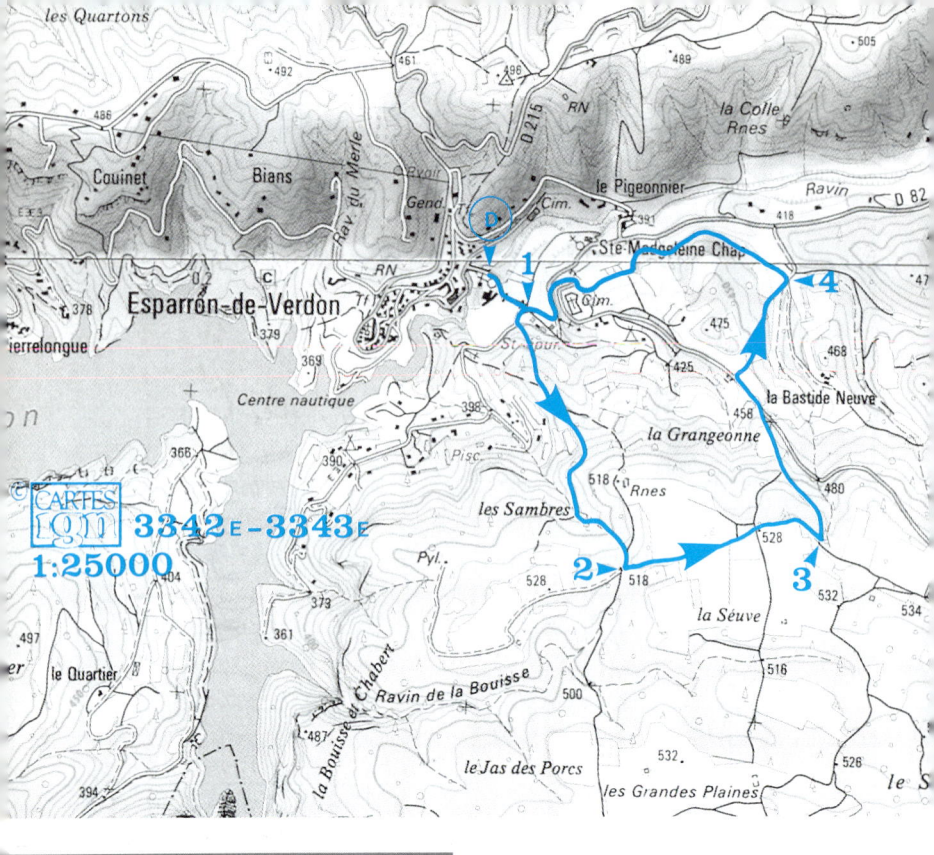

UN LITTORAL ASSOIFFÉ !

Cinq barrages sur le Verdon pour alimenter en eau le littoral de la région Provence-Côte d'Azur ! L'idée a germé au début du siècle, le profil prononcé de la rivière et son alimentation par les neiges en amont plaidant en faveur d'un tel aménagement, d'autant plus que la région était en récession. Donc, ont été construits d'amont en aval : le barrage de Castillon (lac de 500 ha) : les travaux, démarrés en 1926, n'ont été terminés qu'en 1947 ; le barrage de Chaudanne (lac de 70 ha) : entrepris au lendemain du premier conflit mondial, il a été achevé en 1948 ; le barrage de Sainte Croix (lac de 2 200 ha) : sa mise en eau, en 1974, a noyé la plaine et le village des Salles, ainsi que la résurgence de Fontaine-l'Evêque ; le barrage de Quinson (lac de 160 ha) en 1972 ; le barrage de Gréoux (lac de 160 ha) en 1967.

Au-delà, le partiteur de Boutre dirige une partie des eaux dans les turbines de Vinon-sur-Verdon ; une autre partie est envoyée vers le Canal de Provence, dont l'objectif est "d'utiliser chaque année 700 milliards de litres d'eau pour satisfaire les besoins croissants des populations et de l'irrigation".

De la Seouve à Sainte - Magdeleine

BALADE 13

Au-dessus du lac d'Esparron, les parcelles cultivées de la Séouve s'égrènent en milieu boisé.

D Sortir du village d'Esparron-de-Verdon par la route de Quinson (D 82), c'est-à-dire en lui tournant le dos.

1 Après une allée bordée de platanes, s'engager à droite sur la route dite de la Tuilière. 70 mètres plus loin, bifurquer sur le chemin partant à gauche, puis lorsque celui-ci se dédouble, monter à droite. Le chemin réduit ensuite à l'état de sentier gagne un replat, où il se jumelle avec un autre sentier. Poursuivre tout droit sur la faîte de la croupe, puis plus ou moins face à la pente, avant de partir en traversée sur la droite par le sentier devenu balcon. Après avoir traversé un ravin, le sentier s'élève à nouveau puis repart en traversée sur la gauche. On arrive à proximité du ravin. S'élever alors à droite et déboucher un peu plus loin sur un chemin. Le suivre sur la droite. Aboutir ainsi sur une piste.

2 L'emprunter sur la gauche. Aux deux carrefours suivants poursuivre tout droit. Passer à proximité d'un cabanon partiellement ruiné.

3 Au croisement qui suit, bifurquer à gauche à angle aigu. Descendre jusqu'à la route. L'emprunter sur la gauche jusqu'à la hauteur d'une ruine. Tourner alors à droite. Descendre jusqu'au débouché sur la piste d'accès à la Bastide Neuve.

4 Juste après ce carrefour, bifurquer à gauche sur le chemin herbeux longeant par l'amont, un ancien canal. Le suivre jusqu'à son terme, c'est-à- dire au débouché dans le lacet de la route C1, en contrebas du cimetière d'Esparron. Descendre sur la droite. Au croisement des routes C1 et D82 continuer tout droit. Après un lacet on retrouve le point 1, à l'entrée du village. Le retour au point de départ s'effectue alors par l'itinéraire emprunté à l'aller.

Difficulté :
*

Durée :
1 h 45

Dénivelée :
160 m

Balisage :
jaune

Départ :
Esparron-de-Verdon (parking situé sous l'église)

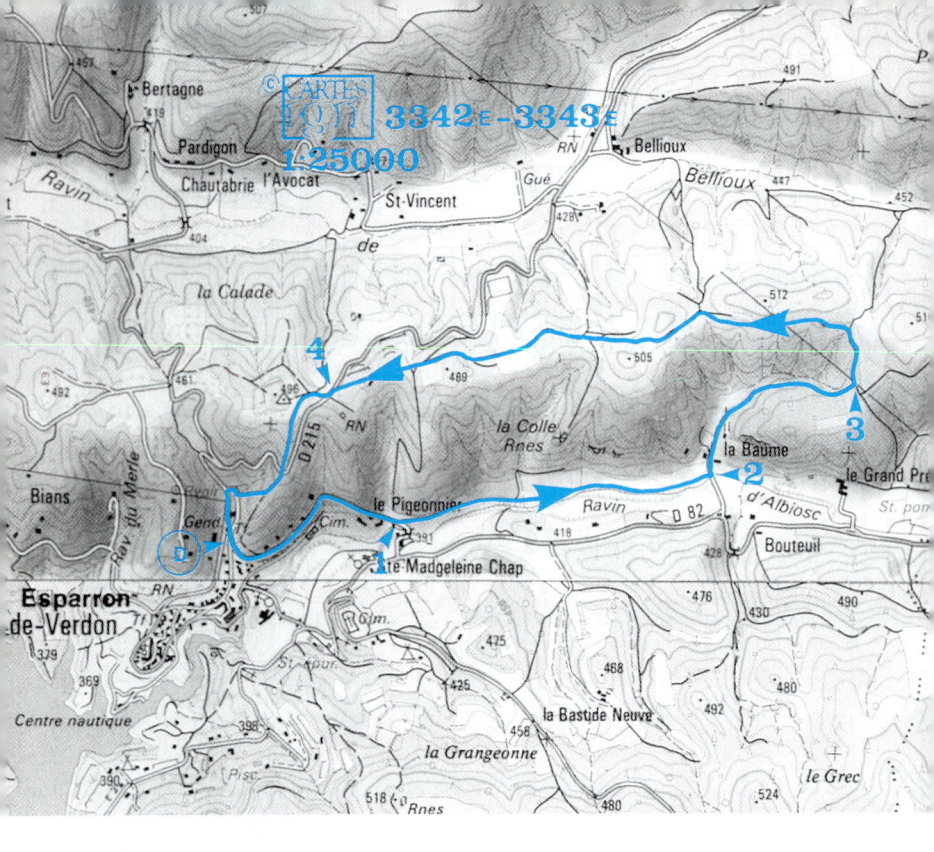

Esparron-du-Verdon. Photo M.B.

64

Autour de la Colle

BALADE 14

Autour de son château, Esparron-de-Verdon offre une architecture homogène.

D De la gendarmerie d'Esparron-de-Verdon, descendre vers le village. Tourner à gauche après le premier boulodrome pour emprunter une route secondaire. Passer ainsi en contrebas de résidences puis en amont de la ferme dite du Pigeonnier.

1 Juste après celle-ci (ou une quarantaine de mètres avant le pont enjambant le ravin d'Albiosc), emprunter à gauche le chemin d'exploitation agricole bordé d'un mur de pierres sèches. Au premier dédoublement du chemin, poursuivre tout droit en amont de la rivière. Au second, descendre à droite jusqu'à celle-ci. Ne pas la franchir mais emprunter à gauche le sentier partant sous un muret. Continuer ainsi à plus ou moins grande distance de la rivière sur un sentier pas toujours bien marqué. Le chemin, retrouvé, franchit la rivière à gué avant de déboucher sur une route secondaire revêtue, voie d'accès à la ferme de la Baume.

2 L'emprunter sur la gauche. Un radier permet de franchir à nouveau la rivière. Continuer jusqu'à la ferme. Passer entre les deux bâtisses. Au premier dédoublement du chemin, poursuivre à droite. Au second, continuer à monter tout droit, en sous-bois. Déboucher ainsi sur un autre chemin, sous une ligne électrique.

3 Continuer alors à gauche. Sortir temporairement du bois et longer un champ parsemé d'amandiers. Au croisement suivant, tourner à gauche. En traversée, de nouveau en sous-bois, passer une nouvelle fois sous la ligne électrique. Le chemin se dédouble peu après. Poursuivre sur le chemin principal jusqu'à un collet. Tandis que le chemin s'y démultiplie, continuer en traversée dans le même versant. Franchir ensuite un

Difficulté :
*

Durée :
2 h

Dénivelée :
130 m

Balisage :
jaune

Départ :
Esparron-de-Verdon (parking en contrebas de la gendarmerie)

14

autre collet. Aux carrefours suivants, poursuivre dans la même direction sur le faîte de la colline ou légèrement en contrebas de celui-ci. Déboucher ainsi sur la route D215, d'Allemagne-en-Provence à Esparron-de-Verdon.

4 La traverser pour emprunter au premier croisement, le chemin de gauche puis, aussitôt après, au second, de nouveau celui de gauche. Après une courte traversée, descendre en amont de la route D215. La rejoindre juste après avoir côtoyé une olivette. Poursuivre tout droit. Laisser à gauche l'accès à un pigeonnier. Quitter le faîte de la croupe avant une ruine pour descendre à droite. Aboutir sur une petite placette de parking. Descendre à droite par la route secondaire et rejoindre ainsi la D82 à l'entrée nord d'Esparron-de-Verdon. La suivre sur la gauche et retrouver le point de départ de l'itinéraire.

UNE FORET PROTECTRICE

Autour d'Esparron-de-Verdon, la forêt méditerranéenne mêle ses essences : chênes vert et pubescent, pin d'Alep et genévrier. Elle a connu son âge d'or entre la dernière glaciation (- 10 000 ans) et le néolithique (- 5 000 ans). Puis, l'homme chasseur-cueilleur est devenu agriculteur : il a défriché la forêt. Aujourd'hui, elle reste menacée : souvent, elle n'a pas le temps de se reconstituer entre les incendies : "le feu pourrait... conduire à l'éradication... des écosystèmes forestiers... dans moins d'une cinquantaine d'années...

Pour atteindre la maturité, il faut 75 ans à un pin d'Alep, 200 ans à un chêne vert, or, actuellement, la durée de vie moyenne d'un boisement... est de 33 ans !" Or, elle protège les sols de l'érosion et régularise les torrents. De plus, l'incendie tue : "300 oiseaux, 400 mammifères, 100 reptiles" à l'hectare, et des milliers d'insectes. Comme la cigale dont douze espèces vivent dans le midi ; après deux à quatre ans passés sous terre, elle rejoint le soleil pour une unique saison des amours. La garrigue grésille alors du "chant" des cigales, la cymbalisation : le mâle appelle les femelles grâce à ses plaques de cuticule qui se déforment 600 fois par seconde.

Photo J.H.

Lac d'Esparron.

Photo J.H.

67

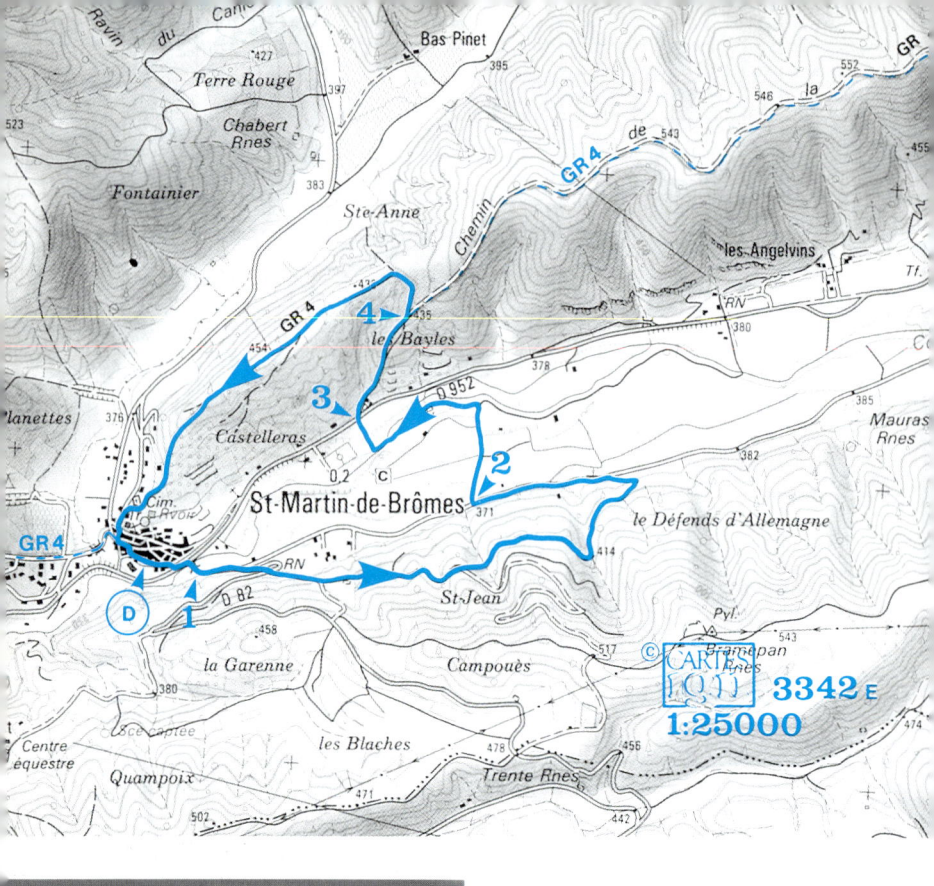

A L'AGE DU FER

Disposées selon les courbes de niveau d'un mamelon, les maisons de Saint-Martin-de-Brômes sont dominées par un imposant donjon à mâchicoulis du XIIIe siècle ; au rez-de-chaussée, un musée gallo-romain a été aménagé. La région est en effet riche en vestiges antiques : dernière découverte en date, celle de l'oppidum Buffe Arnaud, fouillé en 1992. Représentatif du premier âge du fer, cet oppidum de type éperon barré a été construit aux VIIe et VIe siècles av. J.C. : les défenses naturelles ont été exploitées par les Celto-ligures pour se protéger ; dans la zone basse, ils ont élevé un rempart massif de grosses pierres liées par de l'argile. Dans son épaisseur, ils ont aménagé un local ; sa fouille a livré des céramiques et des jarres de torchis contenant du grain carbonisé ; sur une terrasse, des céramiques phocéennes, grecques et ioniennes avaient été entreposées ainsi que des objets métalliques et des oboles de Marseille - pièces de monnaie -. Au IIIe siècle av. J.C., un incendie, sans doute un fait de guerre, a détruit cet oppidum.

De Saint-Jean aux Bayles

BALADE 15

Où l'on passe de l'ubac à l'adret. Changement de versants, changements de décors ...

D De la "Plaça de la liberacion", descendre rejoindre la D 952. La suivre sur la gauche en direction de Riez, jusqu'au carrefour routier. Emprunter à droite la route D 82 menant à Esparron-de-Verdon.

1 Laisser à droite le sentier d'accès aux Gorges du Colostre, démarrant juste après le pont enjambant la rivière, et poursuivre sur la route. Lorsque celle-ci se dédouble, continuer à monter par celle d'Esparron. Avant que celle-ci n'effectue un lacet, emprunter le raccourci à droite. Déboucher à nouveau sur la route. Emprunter alors, quasiment en face, le chemin partant en traversée ascendante, en limite de la forêt communale. Lorsque celui-ci se dédouble, continuer à gauche. Passer ainsi en contrebas d'un espace déboisé et d'une bastide ruinée. Le chemin longe une clôture puis se dédouble à nouveau. Poursuivre tout droit. Passer à côté d'une source captée. Franchir un vallon déboisé. Le chemin se démultiplie peu après. Continuer alors en traversée, d'abord descendante puis quasiment de niveau. Le chemin s'élève une dernière fois avant de descendre dans le fond d'un vallon et de rejoindre, après une courte traversée et un lacet, la route secondaire reliant Saint-Martin à Allemagne. La suivre sur la gauche pendant 500 mètres environ.

2 Bifurquer alors à droite sur le chemin d'exploitation agricole descendant vers le Colostre. Au premier carrefour, continuer tout droit. Au second, bifurquer à gauche. Pénétrer ainsi en sous-bois. Le chemin longe ensuite la rive gauche du Colostre. Passer en aval d'un cabanon. Tandis que le chemin franchit la rivière à gué, bifurquer à droite vingt-cinq mètres avant ce dernier, pour la traverser sur une passerelle de fortune. Sur la rive opposée, poursuivre à gauche et retrouver ainsi le

---

Difficulté :
* *

Durée :
2 h

Dénivelée :
190 m

Balisage :
jaune puis blanc et rouge

Départ :
Saint-Martin-de-Brômes, parking "Plaça de la liberacion"

15

chemin. Continuer sur celui-ci jusqu'au bout du champ de lavande. Bifurquer à droite et gagner ainsi la route D 952.

3 La traverser pour emprunter en face le chemin de terre qui s'élève sur le faîte d'une croupe. Il se dédouble temporairement avant de rejoindre l'itinéraire de grande randonnée - GR 4- balisé en blanc et rouge (point coté 435).

4 Bifurquer alors à gauche et suivre le GR en traversée et en sous-bois. Déboucher ainsi en crête à l'extrémité d'un espace déboisé. L'itinéraire le traverse dans sa totalité puis pénètre à nouveau en sous-bois. Passer au sommet de la colline puis commencer à descendre. Quitter un peu plus loin le chemin pour emprunter à gauche le sentier qui reste en contrebas de la crête. Passer ainsi en amont d'une olivette puis descendre vers le village de Saint-Martin-de-Brômes. On passe au dessus d'une villa isolée avant de déboucher sur sa voie d'accès. La suivre sur la gauche. A l'église, tourner à droite. Passer devant le cimetière et au croisement situé en contrebas de ce dernier, descendre à gauche dans le village où on retrouve la " Plaça de la liberacion ".

Saint-Martin-de-Brômes.   Photo P.P.

Saint-Martin-de-Brômes. Photo Brun.

LA VALLEE DU COLOSTRE

Depuis le Serre de Montdenier jusqu'au Verdon, le Colostre déroule son cours sur une trentaine de kilomètres. Le long de ses rives, s'épanouit la ripisylve : les pieds au frais, tilleul, noisetier, érable champêtre, mûrier blanc des vers à soie, forment une forêt-galerie qui génère un microclimat, abri de plantes introuvables sur les versants ensoleillés alentour : épilobe, hellébore, scrophulaire ailée, épière des bois, vigne.

Elle est le royaume du martin-pêcheur, du cincle plongeur et du faucon hobereau. Difficile à repérer malgré sa livrée d'un bleu chatoyant avec le ventre orange et la gorge blanche, le martin-pêcheur chasse à l'affût : depuis une branche, il fond sur sa proie - poisson ou insecte -, la tête la première dans l'eau. Il creuse un nid profond dans la berge où il pond jusqu'à six oeufs. Le cincle plongeur - ou merle d'eau -, plonge dans les torrents rapides et en ressort le plumage sec, avec sa proie : larve ou nymphe. Il nage, se servant de ses ailes comme de nageoires, et, mieux encore, marche au fond de l'eau, à contre-courant, s'agrippant avec ses ongles. Tolérant le voisinage du martin-pêcheur, il construit, derrière le rideau des cascades, un nid de mousse. Elégant et discret, le faucon hobereau se plait dans les forêts claires et, frileux, aime les climats chauds. Rapace au vol rapide, il chasse au crépuscule petits oiseaux, campagnols et insectes.

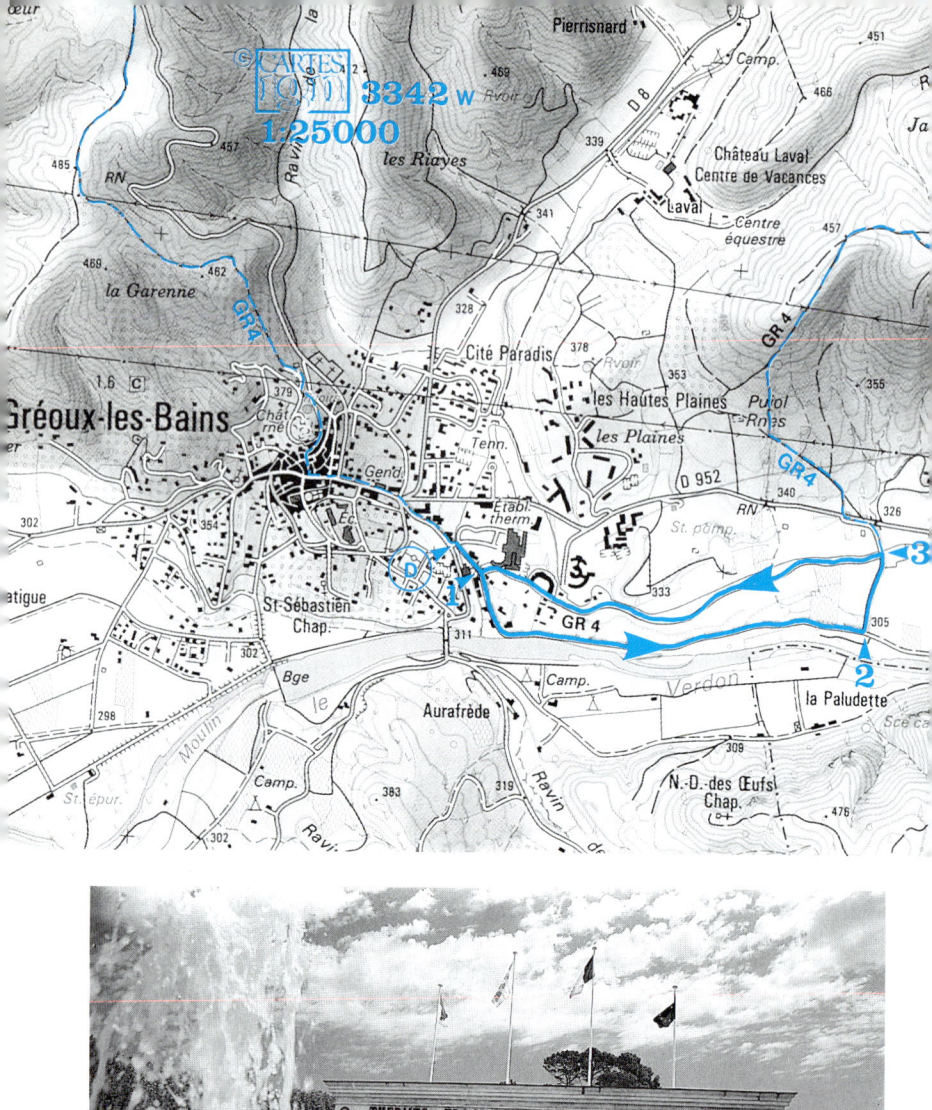

Les Thermes à Gréoux.

Photo J.H.

Promenade du Verdon

BALADE 16

Ornithologues avertis ou en herbe, les possibilités d'observations qu'offre cette balade vous enchanteront.

Difficulté :
*

Durée :
1 h

Dénivelée :
25 m

Balisage :
blanc et rouge (GR4) puis jaune

Départ :
Gréoux-les-Bains.
Parking de l'établissement thermal

Remarque :
il est possible d'utiliser entre les points-repère 1 et 2 de l'itinéraire des voies parallèles, plus proches du Verdon, aménagées pour le parcours de santé.

D La première partie de l'itinéraire est commune avec une section du sentier de Grande Randonnée GR4 balisée en blanc et rouge.
Du parking, descendre par la rue des Eaux Chaudes. Juste après le pont, laisser à gauche le chemin de Babaou qui sera emprunté au retour.

1 Poursuivre tout droit par la rue des Eaux Chaudes. Gagner la rive droite du Verdon. Tourner à gauche sur le chemin barré en son début (interdit à la circulation automobile). L'itinéraire emprunté est temporairement commun au parcours de santé de Gréoux-les-Bains. Continuer dans la même direction (ouest-est) en restant sur la voie principale et ce, jusqu'à la seconde barrière (carrefour coté 305).

2 Tourner à gauche sur la route secondaire.

3 275 mètres plus loin, la quitter pour emprunter à gauche le chemin de Babaou (on quitte aussi à cette occasion le GR4 balisé blanc et rouge au profit du balisage jaune). Continuer tout droit sur ce chemin jusqu'à retrouver le point-repère 1 de l'itinéraire et en tournant à droite, le parking de l'établissement thermal.

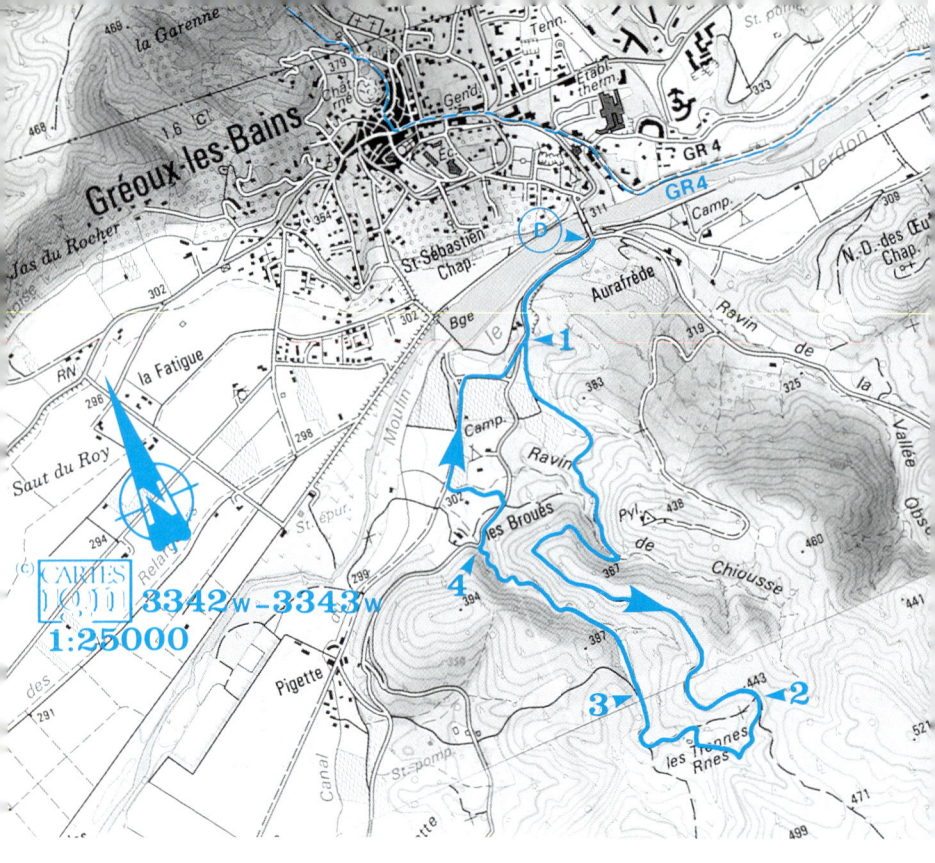

Château de Gréoux.

Photo B.C.

Les Tronnes

BALADE 17

Découvrir la vie de ceux d'avant dans un écart de Gréoux dominé par son château.

D Juste après le pont, en rive gauche du Verdon, tourner à droite sur la route de Saint-Pierre et du centre équestre d'Aurabelle. Passer devant la résidence "le Four à Chaux". La route effectue ensuite un virage sur la droite.

1 A la sortie de ce dernier; délaisser la route pour emprunter à gauche le chemin. Au premier croisement continuer à gauche, au second tout droit. Franchir un premier ravin, puis au second (coté 367), continuer à droite sur le chemin principal (le sentier partant à gauche est un raccourci). Plus loin, en contrebas d'un collet, les deux itinéraires se rejoignent. Continuer tout droit et au croisement d'après, encore tout droit. Plus avant, un sentier débouche de la gauche.

2 Une vingtaine de mètres après ce croisement, délaisser la voie principale pour descendre à droite par le sentier. L'ancienne bastide des Tronnes est alors visible sur la droite. Un peu plus loin, le sentier se dédouble une première fois. Descendre à droite. Au second carrefour, continuer tout droit. Le sentier se divise à nouveau. Emprunter la bretelle de droite. Passer à gauche d'un point d'eau aménagé pour la faune et rejoindre un chemin plus important. Tourner à droite.
Passer devant la ruine des Tronnes. Après une trentaine de mètres, bifurquer à gauche. Plus loin, le chemin se dédouble. Continuer sur la bretelle de droite, puis à la jonction des deux bretelles, tout droit. Le chemin effectue ensuite une large courbe sur la droite tout en franchissant quatre anciennes terrasses de culture.

3 Quitter le chemin avant que celui-ci ne remonte pour franchir un collet, et partir à droite dans le vallon secondaire. Le sentier est peu marqué. On le retrouve lorsque le ravin, en rive gauche duquel on descend,

Difficulté :
* *

Durée :
2 h

Dénivelée :
170 m

Balisage :
jaune

Départ :
Gréoux-les-Bains. Pont sur le Verdon (cote 311)

Attention :
L'itinéraire emprunte plusieurs sections de voies privées. Aussi, respectez-les en tant que telles.

17

conflue avec celui des Tronnes. Descendre en rive gauche de ce dernier. Plus bas, le sentier change de rive à quatre reprises et finit en traversée sur la gauche pour déboucher sur la route de Saint-Pierre.

4 Emprunter celle-ci sur la droite. Laisser un premier chemin sur la gauche. Descendre par le second, donnant accès également au camping "Regain". Laisser ensuite à gauche l'accès à une maison. Arriver rapidement à un croisement. L'accès au camping précité se fait par la gauche. Tourner sur la droite. Passer en contrebas du camping "La Pinède" et de son court de tennis. Après le terrain, le chemin se dédouble. Monter tout droit. Laisser à droite l'accès à une maison. Continuer dans la même direction le long des vignes. A la ligne électrique prendre deux fois à droite. Au croisement d'après, continuer à gauche pour rejoindre la route de Saint- Pierre et le point-repère 1. Revenir au départ par l'itinéraire emprunté à l'aller.

Lac de Gréoux.   Photo B.C.

PRIÈRE POUR DEVENIR FÉCONDE

Erigée sur une terre offerte en l'an 960 par la veuve du comte d'Arles à l'abbaye de Montmajour, plusieurs fois remaniée et, enfin, restaurée après la seconde guerre mondiale par l'association "Les Amis de Gréoux", la chapelle Notre-Dame des OEufs, évoquant les déesses païennes de la fécondité, était un lieu de pèlerinage privilégié pour les femmes en mal d'enfant. Pour devenir fécondes, elles s'y rendaient avec deux oeufs ; tandis qu'elles en mangeaient un, elles enterraient l'autre à proximité de la chapelle. Il y eut, paraît-il, des voeux exaucés !

Un bulletin du Boulégan évoque le dernier ermite de Gréoux. Nommé Faure, il mourut à un âge avancé, vers 1860. Il sillonnait la Provence, vêtu de toile à sac et appuyé sur deux bâtons qu'il appelait ses "chevaux". En échange de plantes et de prières, il acceptait le gîte et le couvert, mais jamais plus d'une journée. Il disait être Louis XVII, mais portait suspendue à son rosaire, la médaille de Sainte-Hélène !

LES NYMPHES DE GREOUX

Celtes, Gaulois, Romains, se baignaient la nuit dans les eaux de Gréoux car elles "n'agissent bien que prises dans l'obscurité". En 1705, une marquise vient dans ce "village fort agréable,... l'air y est bon, donnant même de l'appétit,... l'on a moyen d'avoir du très bon vin par le voisinage de la ville de Riez. Il y a une promenade du village aux eaux. Tout le long d'une allée bordée d'amandiers... D'ailleurs la Marquise trouvera toujours bonne compagnie". En 1752, l'abbé J.B. Gravier achète les sources ; il en permet l'accès aux pauvres.

Pauline Borghèse, soeur de Napoléon 1er, "lance" la station en 1807 : elle "fit usage des eaux avec le plus grand succès dès la première saison" ; puis, en 1813, où elle "n'a plus crises". Selon Mlle de Quincy, "l'an dernier, il y avait 150 baigneurs, il y en a 200 cette année". En 1809, le roi d'Espagne Charles IV, en exil à Marseille, y vient aussi.

En 1825, le Grand Hôtel des Bains est construit. Ses 18 baignoires de marbre, 2 piscines, 2 étuves, salles d'inhalation, 300 chambres, salons, parc, seront détruits en 1968 ; ce qui n'empêche pas Gréoux d'accueillir aujourd'hui quelque 30 000 curistes/an dans ces installations modernes.

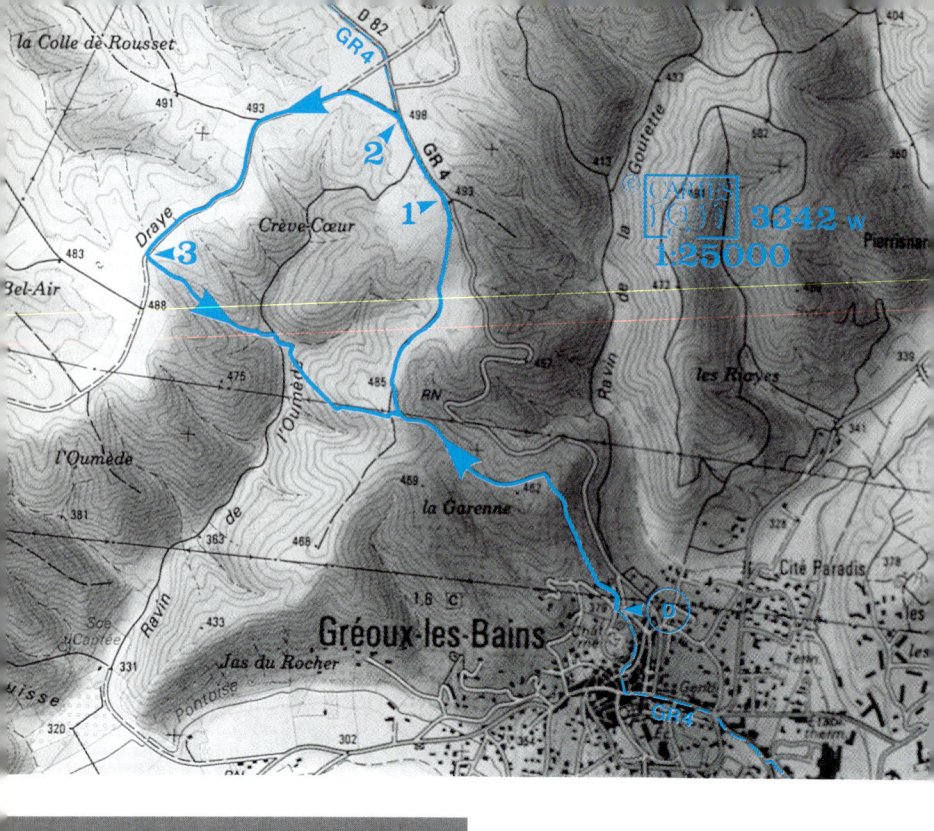

PLUS PRÉCIEUSE QUE L'OR

Château de Gréoux, château dit des Templiers. Pourtant, aucune preuve n'atteste la réalité de leur présence ici, la seule chose sûre étant que le château fut géré par l'ordre des Hospitaliers de Saint-Jean-de-Jérusalem, de 1307 à 1322. Avec son donjon du XIIe siècle et son bâtiment rectangulaire des XIIIe et XIVe siècles, il appartint aux comtes de Provence, avant de devenir la propriété de la commune.

Moins glorieux mais prospère, fut l'élevage des vers à soie à Gréoux, activité dont la seconde guerre mondiale sonna le glas. Privilège des princes de Chine, la fabrication de la soie gagna l'Europe au XIIe siècle, et le plateau de Valensole seulement vers 1860. En 1900, 1,8 t de cocons étaient élevés à Gréoux, à partir de la "graine" - les oeufs - distribuée aux éducateurs par un courtier au printemps. L'éclosion se faisait souvent dans la chaleur des jupons ou des corsages des femmes, puis c'était la cueillette des feuilles de mûrier : 1 t pour nourrir 30 000 vers à soie jusqu'au stade du cocon. La chenille du papillon bombyx "bave" alors, en deux ou trois jours, de 0,8 à 1,5 km de fil, qui, dévidé et traité, sera tissé.

Crève-Coeur

BALADE 18

Partir sur les chemins d'autrefois et marcher sur les traces des anciens bergers.

D Tourner le dos au château. Délaisser le chemin des Seigneurs pour emprunter la petite route s'élevant à droite de la cabine téléphonique et du pylône électrique. L'itinéraire emprunte ici une section du sentier de Grande Randonnée GR4 balisé en blanc et rouge. La route empruntée dessert quelques maisons puis n'est plus revêtue. Poursuivre sur le chemin la prolongeant. Aux différents croisements rencontrés ensuite, continuer tout droit sur la voie principale et gagner la route départementale n°82.

1 Tourner à gauche. Ignorer le chemin partant à gauche juste après l'olivette. Continuer sur la route jusqu'au croisement suivant, coté 498.

2 Délaisser la route et le GR au profit de la piste démarrant à main gauche et balisée, entre autres couleurs, en jaune. Déboucher rapidement sur une autre voie baptisée "Draye des Troupeaux". Poursuivre tout droit sur celle-ci. Au carrefour suivant, coté 493, continuer à gauche.

3 Environ 700 mètres plus loin, tandis que la "draye" effectue une courbe sur la gauche, bifurquer un peu plus à gauche sur le sentier pénétrant en sous-bois. Juste après, laisser à droite l'accès à un cabanon. Continuer tout droit. Le sentier descend en rive gauche d'un ravin, passe à côté d'un affût en briques ruiné, puis rejoint un autre sentier. Continuer à gauche. Rejoindre le vallon de l'Oumède. Tourner à droite puis aussitôt à gauche. Remonter un court instant un vallon secondaire avant de bifurquer à droite sur le sentier. Celui-ci s'élève en traversée, passe sous une ligne électrique, monte ensuite plus ou moins parallèlement à celle-ci avant de déboucher sur un autre chemin. Le croisement est ici caractérisé par la présence d'une borne IGN. Tourner à gauche puis aussitôt à droite, sous la ligne électrique. Rejoindre ainsi le chemin emprunté à l'aller. Tourner à droite pour regagner le point de départ.

Difficulté :
* *

Durée :
2 h

Dénivelée :
200 m

Balisage :
blanc et rouge (GR4) puis jaune

Départ :
Gréoux-les-Bains. Chemin des Seigneurs. Parking au pied du château

INDEX DES NOMS DE LIEUX

Agra (l') 21
Barbin (Jas et cime de 17
Brunet 27
Esparron-de-Verdon 63, 65
Esparron (lac d') 63, 65
Grand Canyon (le) 13, 17
Gréoux-les-Bains.........73, 75, 79
Palud-sur-Verdon (la) 17
Maline (refuge de la) 13
Montdenier (le) 21
Mescla (site de la) 13
Montagnac-Montpezat 35, 39

Point Sublime (chalet et site du)...13
Quinson 51, 55, 59
Saint-Jurs 21
Saint-Laurent-du-Verdon ...43, 47
Sainte-Magdeleine (chapelle) ... 63
Saint-Martin-de-Brômes 69
Sainte-Croix-du-Verdon 31
Sainte-Croix (lac de) 31
Sentier Martel 13
Sentier du Bastidon 17
Sainte-Maxime (site de) 59
Tronnes (anc. bastide des) 75

La loi du 1er juillet 1992 n'autorisant aux termes des articles L 122-4 et L 122-5, d'une part, que les copies ou reproductions strictement réservées à l'usage privé du copiste et non destinées à une utilisation collective, et, d'autre part, que les analyses et courtes citations dans un but d'exemple et d'illustration, toute représentation ou reproduction intégrale ou partielle, faite sans le consentement de l'auteur, de ses ayants droit ou ayants cause est illicite.
Cette représentation ou reproduction, par quelque procédé que ce soit, constituerait donc une contrefaçon sanctionnée par les articles 425 et suivants du Code pénal.
Les extraits de cartes figurant dans cet ouvrage sont la propriété de l'Institut Géographique National. Leur reproduction dans cet ouvrage est autorisé par celui-ci.
Le tracé de l'itinéraire sur les fonds de cartes IGN et les photos de couverture sont la propriété de la FFRP.
Les expressions "GR" et "GR de Pays", ainsi que les marques de couleur blanc-rouge et jaune-rouge qui jalonnent les itinéraires sont des marques déposées (®) à l'Institut national de la propriété industrielle (INPI).
L'utilisation sans autorisation des marques et logos déposés ferait l'objet de poursuites en contrefaçon de marques par la FFRP.

Coordination générale : Dominique Gengembre.
Secrétariat de rédaction : Philippe Lambert.
Fabrication : Jérôme Bazin, Olivier Cariot, Christiane Fantola,
Lionel Mor, Fabien Phelippot et Nicolas Vincent.

2ème édition : mars 1996
Auteur : FFRP-CNSGR et ADRI
© FFRP-CNSGR 1996 - ISBN 2-85-69- 635-3 - © IGN 1996
Dépôt légal : mars 1996
Corlet Imprimeur, s.a., 14110 Condé-sur-Noireau